Hermann von Staabs

Aufmarsch nach zwei Fronten

SEVERUS

Von Staabs, Hermann: Aufmarsch nach zwei Fronten
Hamburg, SEVERUS Verlag 2014

ISBN: 9-783-86347-981-7
Druck: SEVERUS Verlag, Hamburg, 2014
Nachdruck der Originalausgabe von 1925

Der SEVERUS Verlag ist ein Imprint der Diplomica Verlag GmbH.

Bibliografische Information der Deutschen Nationalbibliothek:
Die Deutsche Nationalbibliothek verzeichnet diese Publikation in der Deutschen Nationalbibliografie; detaillierte bibliografische Daten sind im Internet über http://dnb.d-nb.de abrufbar.

Aufmarsch nach zwei Fronten

Auf Grund der Operationspläne von 1871–1914

Von

H. von Staabs
General der Infanterie a. D.

Vorwort

Vor einem größeren Kreise ehemaliger Offiziere gehaltene Vorträge über „Vorbereitungen für die Landesverteidigung auf dem Gebiete des Militäreisenbahnwesens“ veranlaßten ältere Kameraden und frühere Generalstabsoffiziere, mich zur Veröffentlichung anzuregen. Ich habe mich zu ihr entschlossen, weil ich hoffe, in der Literatur über den Weltkrieg eine Lücke ausfüllen zu können, deren Schließung im kriegswissenschaftlichen Interesse wünschenswert sein dürfte.

Die technischen und organisatorischen Fragen des Militäreisenbahnwesens sind im allgemeinen auf das Maß beschränkt worden, das zum Verständnis und zur Beurteilung der Darlegungen nicht wohl entbehrt werden kann. Wesentlich erweitert sind dagegen die Betrachtungen über die Operationsführung im Zweifrontenkrieg, da Verlauf und Erfahrungen des Weltkrieges geeignet sind, die Wandlungen der Operationspläne unter neuen Gesichtspunkten zu beleuchten. Auch schien es wichtig, die elektrische Zugförderung auf Hauptbahnen, die in einschneidender Weise die Erfordernisse der Landesverteidigung berührt, am Schluß eingehender zu behandeln.

Meine vornehmlichste Quelle für die Schilderung der Operationspläne war das im gleichen Verlage wie die vorliegende Schrift 1920 erschienene lehrreiche Buch „Der deutsche Generalstab in Vorbereitung und Durchführung des Weltkrieges“ von General der Inf. Dr. phil. von Kuhl. Dem Herrn Verfasser für die mir geliehene Unterstützung an dieser Stelle meinen Dank zu sagen, ist mir angenehme Pflicht.

Ferner habe ich herangezogen:

Reichsarchiv, „Der Weltkrieg 1914—18“, verlegt bei E. S. Mittler & Sohn, Berlin, Band 1 und 2.

„Der russische Aufmarsch im August 1914“ von General von Kuhl, nach Aufsätzen des russischen Generalquartiermeisters, General Danilow, veröffentlicht in der „Revue militaire française“, Mai/Juni 1923.

„Der russische Aufmarsch und Operationsplan 1914“ von Oberstlt. Foerster. „Dtsch. Offz. Bund 1924“ Nr. 29.

„Denkwürdigkeiten des Generaloberst v. Moltke“, herausgegeben von Eliza v. Moltke, 1923.

„Der deutsche Aufmarsch 1870“, bearbeitet in der Eisenbahnabteilung des Großen Generalstabes von Oberstlt. Budde.

„Die deutschen Eisenbahnen der Gegenwart, Neuauflage 1923“, bearbeitet im Ministerium der öffentlichen Arbeiten, mit Anhang von Minister a. D. Gröner über den Eisenbahnaufmarsch zum Weltkriege.

„Weltgeschichte der neusten Zeit, 1871—1920“, von Prof. Fr. Ehringhaus, Cassel.

„Die Wurzeln des Weltkrieges“ von Dr. Joh. Lepsius, die beide die Veröffentlichung der neuen „Bismarck-Akten“ berücksichtigen.

Im übrigen berichte ich aus fast fünfzehn Jahren von eigenen Erfahrungen und Erlebnissen. Meine Mitarbeit an den Kriegsvorbereitungen des Großen Generalstabes umfaßt den Zeitraum von Frühjahr 1889 bis Herbst 1908, 19½ Jahre, dreimal unterbrochen durch Dienst bei der Truppe und im Truppengeneralstab.

Wo die Übersichtsskizzen der West- und Ostfront nicht ausreichend erscheinen, genügt eine Atlaskarte.

Cassel, Januar 1925.

von Staabs

Inhaltsverzeichnis

Einleitung

Der deutsche Aufmarsch 1870

Zum erstenmal in der Geschichte des Krieges haben sich 1870/71 die Eisenbahnen als das wichtige Kriegsinstrument erwiesen, das in der Hand der Heeresleitung für die Mobilmachung und die Versammlung der Armeen unentbehrlich ist. Schnell wuchs seitdem die Erkenntnis, daß von ihrer vollen und geschickten Ausnutzung die mehr oder weniger günstige Lage abhängt, aus der die für den Kriegsverlauf vielleicht entscheidenden Vorbedingungen erfolgreichen Operationsbeginns errafft und gemeistert werden können. Als Zufuhr- und Abschublinien sind sie für die Nährung und Fortführung des Krieges unentbehrlich. Ihre Ausnutzung in operativer Beziehung ermöglicht überraschende große Erfolge, die zu entscheidenden Wendungen der Kriegslage führen können.

Die Eisenbahnen gelangten rasch zu immer weiterer Entwicklung und größerer technischer Vervollkommnung. Gewaltig wuchsen aber auch die Heere und ihre vielseitigen Kampfmittel. So waren nächst dem Einsatz der gesamten Volkskraft und aller wirtschaftlichen Hilfsmittel die höchstgesteigerten Leistungen der Eisenbahnen und ihre vollste Ausnutzung wichtigstes Erfordernis für die Landesverteidigung geworden.

Die Erfahrungen bei der Mobilmachung und beim Aufmarsch 1870 bilden den Ausgangspunkt und die Grundlage, aus denen sich das Militäreisenbahnwesen entwickeln und die späteren Kriegsvorbereitungen gestalten mußten. Um die Wandlungen beider bis zum Weltkriege beurteilen zu können, ist daher eine kurze Schilderung der Verhältnisse von 1870 notwendig.

Für den Aufmarsch des deutschen Heeres gegen Frankreich im Juli-August 1870 war die politische und militärische Lage im allgemeinen einfach. Mit dem Einmarsch in die französischen Grenzprovinzen Lothringen und Elsaß hoffte man einer französischen Offensive zuvorkommen zu können, trotzdem günstigere Ersatzverhältnisse und kürzere Heranführungslinien die französische Mobilmachung und den feindlichen Aufmarsch begünstigten. Die Versammlung der Armeen mußte daher nahe an die ungeschützte Grenze, in den südwestlichen Teil der Rheinprovinz und die Pfalz gelegt werden. Die Bereitstellung bedrohte zugleich einen französischen Einbruch über den Rhein nach Süddeutschland in Flanke und Rücken; zum frontalen Schutz der oberen Rheinfront genügten mithin schwache Kräfte im südlichen Baden. Die erste Armee sollte bei Trier—Saarlouis, die zweite bei Neunkirchen—Homburg i. d. Pfalz, die dritte bei Landau—Germersheim aufmarschieren;

man rechnete, zweieinhalb Wochen nach Kriegsausbruch operationsbereit zu sein.

Die Aufgaben für die Eisenbahnabteilung im Generalstabe und die Eisenbahnverwaltungen waren im Hinblick auf die damaligen Verhältnisse gewaltig, sowohl für die schnelle Mobilmachungs- wie die gedrängte Aufmarsch-Transportbewegung. Die letztere erforderte eine noch nie geleistete Zusammenführung großer Truppenmassen in kurzer Zeit auf engen Raum, wofür die Erfahrungen fehlten. Einer hochgesteigerten Ausnutzung der Eisenbahnen standen erhebliche Schwierigkeiten entgegen. Das deutsche Eisenbahnnetz hatte sich ausschließlich nach inneren Verkehrsbedürfnissen der Einzelstaaten entwickelt. Die wirtschaftlichen und politischen Verhältnisse im Norddeutschen Bund waren der Entstehung „durchgehender" Linien nicht förderlich gewesen, hatten auch die Zusammenfassung zu großen, leistungsfähigen Verwaltungsgebieten gehemmt. 51 selbständige Direktionen mit 15 Staats-, 31 Privat- und 5 unter Staatsaufsicht stehenden Eisenbahnen ohne einheitliche technische Ausgestaltung stellten ein Verkehrsgebilde dar, das plötzlich einsetzenden, gewaltigen militärischen Anforderungen nur schwer entsprechen konnte. Frankreich hatte schon damals große, leistungsfähige, einheitlich entwickelte Eisenbahnverwaltungsgebiete. Deutscherseits war die Vorbereitung der Transportbewegung ebenso erschwert, wie die gesicherte Durchführung gefährdet war, weil zweckmäßig organisierte Militäreisenbahnbehörden, die im Frieden und im Kriege mit den Verwaltungen eng zusammen arbeiteten, nicht bestanden.

Im Frieden gab es nur drei „Linienkommissionen" in Berlin, Hannover und Cassel, und zwar ausschließlich für die Mobilmachungsbewegung, nach deren Ablauf sie aufgelöst wurden. Erst mit Kriegsausbruch traten eine „Zentralkommission" in Berlin und zwei „Exekutivkommissionen" — eine im Großen Hauptquartier, eine stellvertretende in Berlin — in Wirksamkeit. Als ausführende Organe leiteten nun dreizehn neue Linienkommissionen die Durchführung der im Generalstabe vorbereiteten Transporte auf sechs „durchgehenden" Eisenbahnlinien in Norddeutschland, drei ebensolchen in Süddeutschland und vier norddeutschen „Heranführungslinien". Die Schwächen einer solchen Organisation sind nicht zu verkennen.

Demungeachtet lief der am 8. Mobilmachungstag begonnene Aufmarsch planmäßig ab*), nur gestört durch mehrfache längere Stockungen auf der Nahebahn. Am 2. und 3. August (18./19. Mob.-Tag) war die Hauptmasse des Feldheeres**) versammelt und zum Vormarsch bereit. Drei Armeekorps hatten anfänglich aus eisenbahntechnischen Gründen im Osten zurückgehalten werden müssen. Das Verhältnis zu Rußland, insbesondere die

*) In Norddeutschland auf 4 zweigleisigen Linien mit täglich 20, auf 2 eingleisigen mit täglich 10 Zügen. Die nördlichste Transportstraße endete schon in der nördlichen Eifel, zwei andere führten nur bis zum Rhein.

**) 334 Bataillone, 282 Eskadrons, 211 Batterien. Die ganze Heeresstärke betrug 413 Bataillone, 358 Eskadrons, 249 Batterien, die in 1500 Eisenbahnzügen befördert wurden.

Freundschaft König Wilhelms zum Zaren gestattete, den Osten ganz zu entblößen. Daher wurden diese Korps aus Ostpreußen, Pommern und Schlesien auf Befehl vom 26. Juli als zweite Staffel hinter den fechtenden Truppen der 2. und 3. Armee nachgefahren, wobei jedoch das II. Armeekorps durch Eisenbahnschwierigkeiten zwei Tage aufgehalten wurde. Noch vor Beginn der Aufmarschbewegung war eine Abänderung der planmäßigen Ausladung angeordnet worden infolge der Nachricht, daß die Versammlung der französischen Truppen schon vor Vollendung ihrer Mobilmachung erfolgte. General von Moltke hatte am 22. Juli befohlen, daß die 2. Armee weiter rückwärts bis Bingerbrück ausladen solle.

Eine Infanterie- und zwei Landwehrdivisionen waren zum Küstenschutz versammelt, zwei weitere als Reserve in den Formationsorten belassen worden.

Der am 27. Mobilmachungstage ganz vollendete Aufmarsch war eine über Erwarten geglückte, außerordentliche Leistung, bei der dem damaligen Chef der Eisenbahnabteilung des Großen Generalstabes, Oberstleutnant von Brandenstein, ein wesentliches Verdienst zukam.

Durch die Gewinnung der neuen Grenzprovinzen im Westen waren für das Deutsche Reich die Verhältnisse bei einem unausbleiblichen künftigen Kriege mit Frankreich andere geworden. Nunmehr bildeten Lothringen und das Elsaß das natürliche Aufmarschgebiet.

Erster Teil

Bereitschaft nach zwei Fronten 1871–1914

1. Deutschlands politische und militärische Lage

Das siegreiche Deutsche Kaiserreich war zwischen den alten bisher die Welt beherrschenden Staaten England, Frankreich und Rußland als Großmacht aufgetreten. England, seinen politischen Grundsätzen treu, hatte das Bestreben, auf dem Festlande das Gleichgewicht der Mächte zu erhalten, und wollte sich die Herrschaft zur See nicht streitig machen lassen. Das niedergeworfene Frankreich beseelte das glühende Verlangen, Vergeltung zu üben und seine verlorenen Provinzen wiederzugewinnen. Dafür war die Zeit gekommen, sobald es, militärisch voll wieder erstarkt, durch Unterstützung von Bundesgenossen Aussicht zu erfolgreichem Angriff gegen den Erbfeind hatte. Rußland verfolgte unablässig das Ziel, sich den Ausgang zum Mittelmeer und zugleich die Vorherrschaft auf dem Balkan zu sichern. Dies war in erster Linie der Streitpunkt gegenüber Österreich-Ungarn und berührte das Verhältnis zu Deutschland zunächst nur mittelbar. Aber schon in den ersten Jahren nach dem Deutsch-Französischen Kriege wuchs in Rußland drohend — wenn auch zunächst im Gegensatz zur russischen Regierung — der Panslawismus empor. Die Allslawen schürten den Haß gegen den machtvollen westlichen Nachbar, dem die Vorherrschaft in der Ostsee gesichert schien.

Deutschland inmitten des alten Europa, zwischen den stärksten Militärmächten und ohne natürlichen Schutz seiner Grenzen, war in gefährlicher Lage. Der weitblickende eiserne Kanzler, Fürst Bismarck, erhielt entsprechend dem Wunsche seines Kaisers, zunächst mühelos, die Freundschaft des Hauses Romanow zu den Hohenzollern. Nachdem seiner Staatskunst auch die Annäherung an Österreich-Ungarn gelungen war, schuf er 1872 das „Dreikaiser-Verhältnis", demzufolge es zu einem Militärabkommen zwischen dem deutschen und russischen Generalstabe kam.

So schien der Frieden bis 1875 gesichert. Anders aber wird die Lage beleuchtet durch die Worte Bismarcks in seiner großen Reichstagsrede vom Februar 1888: „Seit der Krieg von 1870 geschlagen war, frage ich Sie: Ist irgendein Jahr ohne Kriegsgefahr gewesen? Anfang der 70er Jahre — schon gleich wie wir nach Hause kamen — hieß es: Wann ist der nächste Krieg? In fünf Jahren doch spätestens. Schon damals sagte man: Rußland allein hat das Heft in den Händen." Für Deutschland war daher schon damals, wie für das alte Preußenreich, ein starkes, bestens geschultes Heer und Kriegsbereitschaft nach beiden Seiten eine Lebensnotwendigkeit!

In der zweiten Hälfte der 70er Jahre verschärfte Rußlands Balkanpolitik immer mehr sein Verhältnis zu Österreich. An Bismarck gelangte die Anfrage des Zaren, ob Deutschland im Falle eines österreichisch-russischen Krieges neutral bliebe. Die offene Antwort des deutschen Kanzlers ließ keinen Zweifel: Deutschland wolle die Freundschaft beider erhalten. Wäre das aber nicht möglich, könne es nicht dulden, wenn eine der beiden Mächte so geschädigt würde, daß ihre Stellung als unabhängige Großmacht gefährdet würde. — Damit hatte die deutsch-russische Freundschaft einen Sprung erhalten. Als Rußland 1877 die Türkei besiegt hatte, gestaltete es seine Balkanpläne immer großzügiger. Außer Österreich wendete sich hiergegen nun auch England. Um den Weltfrieden zu erhalten, willigte Bismarck in die undankbare Schlichtung der Streitigkeiten durch den Berliner Kongreß unter Vorsitz des deutschen Reichskanzlers. Die Erkaltung der Beziehungen zu Rußland war unvermeidlich. In Rußland konnte nun ungehemmt durch die Regierung der Panslawismus zum Kriege gegen den Nachbar treiben, der die Früchte des russischen Sieges vereitelt habe. Als Schutz gegen Rußland kam es daher 1879 zum Bündnis Deutschlands mit Österreich-Ungarn als „Bund des Friedens und der gegenseitigen Verteidigung".

Frankreich, dessen Heer schon nach wenigen Jahren die alte Stärke und Kriegstüchtigkeit wiedergewonnen hatte, verfolgte rücksichtslos das Ziel, für die verlorenen Gebietsteile Ersatz durch Kolonien zu erwerben. Insbesondere galt es, sein Machtgebiet in Nordafrika zu erweitern. Als es sich Tunis' bemächtigt hatte, stimmten England und auch Deutschland zu. Denn Bismarck hoffte — wie bei vielen späteren Gelegenheiten — durch Unterstützung des kolonialen Ehrgeizes die immer wache, durch eine starke Militärpartei geschürte Feindschaft Frankreichs ablenken zu können. In Italien hatte jedoch die Ausdehnung französischer Herrschaft einen Sturm nationaler Entrüstung erweckt. Die italienische Regierung näherte sich der deutschen mit dem Wunsch eines Bündnisses, für das Bismarck den „Weg nur über Wien" verlangte. So entstand 1882 der „Dreibund", die „kälteste aller Vernunftehen", wie der deutsche Kanzler urteilte. Er konnte aber hoffen, daß bei einem deutsch-französischen Kriege Italien nicht seinen „Nebenbuhler auf dem Adriatischen Meer und in den streitigen Alpengrenzstrichen" überfalle und anderseits wenigstens „Trommler in die Westalpen stelle".

Bismarck gelang es auch jetzt, die Fäden zu Rußland nicht abreißen zu lassen, trotzdem der neue Zar Alexander III. der alten Freundschaft nicht geneigt war und nicht hinderte, daß der revolutionäre, kriegstreiberische Geist immer mehr die Oberhand gewann. Die deutsch-russische Annäherung wurde begünstigt durch die englische Gegnerschaft zu dem russischen Vordringen in Asien. Da Bismarck „nichts gegen und nichts ohne" Österreich tun wollte, kam es zum Dreikaiserbündnis, das zunächst bis 1884 abgeschlossen wurde. Der so besiegelte Gegensatz zu England vertiefte sich, als 1884/85 die für das Deutsche Reich lebensnotwendige Kolonialpolitik einsetzte, die zunächst die Erwerbungen in Afrika brachte. England und Frankreich, die sich in den von ihnen beanspruchten Rechten benachteiligt fühlten, eilten, sich den Rest des Erdteils zu sichern; neuen Konfliktsstoffen war der Boden bereitet.

Durch die bulgarische Frage 1886/88 drohte dem Dreikaiserbündnis der Bruch noch vor Ablauf der bis 1887 erfolgten Verlängerung. England trat an Rußlands Seite, und gegen den österreichischen Bundesgenossen wendete sich wieder ungezügelt die Hetze der deutschfeindlichen Parteien in Rußland. Aussichtsvoll konnte nun Frankreich um die russische Freundschaft werben. Doch abermals gelang es Bismarck, Rußland dem französischen Lockruf zu entziehen: durch den „Rückversicherungs-Vertrag" wurde es für Frankreich bündnisunfähig. Aber nicht zu verhindern war, daß sich die deutschen Beziehungen zum russischen Nachbar bald wieder verschlechterten und verschärften. Als wegen der Deutschenhetze die Beleihung russischer Anleihen hatte verboten werden müssen, fand Rußland einen willigen Geldgeber in Frankreich zu „Bahnbau und Heeresausgaben". Die aufgepeitschten Volksleidenschaften ließen das französische Kriegsfieber ungemessen anwachsen — drohend rückte der Zweifrontenkrieg nahe. Allein die deutsche Wehrvorlage brachte Abkühlung; im Februar 1888 sprach der Altreichskanzler in denkwürdiger Rede: „Wir Deutschen fürchten Gott, aber sonst nichts in der Welt!"

Die Gefahren zu beschwören, ließ Bismarck 1889 durch den deutschen Botschafter in London den Abschluß eines Vertrages mit England anbieten „zu gemeinschaftlicher Abwehr eines französischen Angriffs". Beide seien „von einem anderen als einem französischen Angriff nicht bedroht". Es handele sich „nicht um das Stärkersein, sondern um das Verhindern des Krieges". Der Premier, Lord Salisbury, erkannte die hohe Bedeutung des politischen Gedankens an, hielt eine solche Allianz für das heilsamste für beide Länder und den europäischen Frieden, doch müsse er der Volksstimmung wegen ablehnen. Damit scheiterte das Bündnis, das für den Fürsten Bismarck die Krönung seiner Friedenspolitik bilden sollte.

Beim Regierungsantritt Kaiser Wilhelms II. war die Weltwirtschaft Deutschlands dahin gelangt, derjenigen Englands nahezukommen. Sie bedurfte zum Schutz des Handels einer genügend starken Kriegsflotte. Reichskanzler Caprivi betrieb seit 1890 die Annäherung an England. Die bedeutsame Neuorientierung, die in der Nichterneuerung des Rückversicherungs-Vertrages ihren deutlichen Ausdruck fand, verursachte den folgenschweren Anschluß des nun alleinstehenden Rußlands an Frankreich. Der nächste, russenfreundliche Kanzler, Prinz Hohenlohe, vermochte eine Wiederannäherung an Rußland nicht zu erreichen. Die Lage Deutschlands wurde noch schwieriger, als 1896 eine scharfe Spannung gegenüber England eintrat, das durch den weiteren wirtschaftlichen Aufschwung Deutschlands, die ihm zu schnelle Entwicklung seiner Flotte, den Bau des Kaiser-Wilhelm-Kanals und die Erwerbung von Kiautschou beunruhigt und vorher schon durch die Einmischung in die englische Südafrika-Politik tief verstimmt war. Unterdessen hatte 1897 endlich Rußland mit Frankreich das von diesem 25 Jahre heiß ersehnte Bündnis geschlossen, das Frankreich die Hoffnung bot für einen siegreichen Vergeltungskrieg.

Die Thronbesteigung Eduards VII. 1901 bezeichnet den Abschnitt, von dem ab sich die politische Lage Deutschlands durch die englische Einkreisungspolitik verhängnisvoll bedrohlicher gestaltete. Immer stärker spann sich das Netz um das als den gemeinsamen Feind hingestellte Reich, nicht nur durch engen politischen Zusammenschluß der feindlich gesinnten Regierungen, sondern auch durch feste militärische Abkommen. Auch Italien, das sich selbst schon Frankreich genähert hatte, wurde bald gewonnen. Bereits 1902 schloß Italien ein Neutralitätsabkommen mit Frankreich, in welchem es sich verpflichtete, nie an einem Angriff gegen Frankreich teilzunehmen. Damit war der Dreibund wertlos geworden, während er im selben Jahr auf dem Papier nach schwierigen Verhandlungen erneuert wurde. Als im Jahre darauf König Viktor Emanuel in London und Paris die Freundschaft mit England und Frankreich und die glücklich vollzogene Annäherung betonte, bezeichnete Reichskanzler von Bülow dies im Reichstage als harmlos, als eine „Extratour", — es war der Anfang zum schmählichen Treubruch von 1915. Welcher Wert dem deutsch-italienischen Militärabkommen deutscherseits beigemessen worden ist, wird später erwähnt werden.

1904/05 kam für Deutschland eine vorübergehende Entlastung von der Gefahr im Osten infolge des Russisch-Japanischen Krieges, durch den Rußland die 50jährige Frucht seiner asiatischen Politik verlor. Um so mehr wandte es sich dann wieder dem Balkan zu, was den Gegensatz zu Österreich neu entflammte und Rußland um so mehr zur Anlehnung an die westlichen Großmächte veranlaßte. 1907 gelang es England, Deutschlands östlichen Nachbar für die Einkreisungspolitik festzumachen. Der im gleichen Jahre zwischen Kaiser Wilhelm und dem Zaren verabredete „Privatvertrag" gelangte nicht zu politischer Wirksamkeit. 1908 versuchte König Eduard auch den Kaiser Franz Joseph vom deutschen Bündnis zu lösen, doch vergeblich. Auch die Türkei blieb gegenüber den englischen Versuchungen deutschfreundlich. Der Weltkrieg war nahe gerückt!

Die Bemühungen des Reichskanzlers von Bethmann Hollweg, der 1909 Bülow ersetzt hatte, Deutschlands ungünstige Lage durch Verständigung mit England zu bessern und Erfolge zu gewinnen durch Betonung unbedingter Friedensliebe nach allen Seiten, mußten vergeblich bleiben. Deutschland verlor nur an Ansehen in der Welt. Es blieb auf sich gestellt und hatte sichere Unterstützung nur von seinem treuen Bundesgenossen Österreich-Ungarn zu erwarten, dessen Kraft aber beschränkt war durch die ungünstigen inneren Verhältnisse eines nicht einheitlichen Staatsgefüges und die der Weltlage nicht entsprechende ungenügende Stärke seines Heeres. Die Lage Deutschlands konnte allein gestützt werden durch eine solche Erstarkung seiner militärischen Kräfte, daß den feindlichen Mächten der Krieg als ein Wagnis erschien, das ihr eigenes Dasein aufs Spiel setzte.

In den letzten Jahren vor dem Kriege ist, nach den jetzt veröffentlichten Dokumenten des Admirals von Tirpitz, eine Besserung der Beziehungen zu England durch eine freundliche Einstellung desselben eingetreten, die zum Abschluß eines großen, für Deutschland günstigen Kolonialabkommens führen sollte. Eine Gewähr dafür, daß die englische Annäherung ehrlich gemeint war und dauerhaft sein würde, hätte nur die Trennung Englands von Frankreich geben können, mit dem feste Abkommen bestanden, und eine entsprechende Stellungsänderung gegenüber Rußland.

Für den militärischen Standpunkt ist die politische Lage dahin festzustellen, daß schon bald nach dem Frieden 1871 damit gerechnet werden mußte, das Errungene auch nach Osten zu behaupten. Wie ein Wetterleuchten kennzeichnete sich die einschneidende Wandlung von Deutschlands Weltlage durch die Notwendigkeit: Bereit nach zwei Fronten!

Die vielerlei Schwankungen in den politischen Verhältnissen der nächsten Jahrzehnte blieben ohne wesentlichen Einfluß auf die militärische Lage insofern, als dauernd mit dem Zwang einer neuen Waffenentscheidung unter ungleich schwierigeren Umständen — mit dem Zweifrontenkrieg — gerechnet werden mußte. Der Russisch-Japanische Krieg bedeutete auch nur für wenige Jahre eine Schwächung Rußlands, die durch französische Hilfe bald überwunden wurde. Der Kriegsausbruch rückte näher, je sicherer Frankreich auf militärische Unterstützung zählen konnte, in erster Linie seitens Rußlands, dann auch Englands; diejenige von Belgien war wohl kaum zweifelhaft. Die Richtlinien der für den Kriegsfall gebotenen Vorbereitungen des deutschen Generalstabes und der Militärverwaltung waren somit klar vorgezeichnet und unterlagen keinem grundsätzlichen Wechsel. Die im nächsten Abschnitt behandelten Wandlungen in den Operationsplänen sind daher fast ausschließlich bedingt durch die wechselnde Beurteilung der militärischen Verhältnisse auf beiden Fronten.

Auf Drängen des Generalstabes und die darauf erfolgende Stellungnahme des Kriegsministeriums war von der Regierung 1893 die Vorlage für die volle Durchführung der allgemeinen Wehrpflicht vor den Reichstag gebracht worden. Leider wich die Regierung gegenüber Sozialdemokraten, Demokraten und der Mehrheit des Zentrums in dieser Lebensfrage der Nation zurück. Zwanzig Jahrgänge der damals für die Einstellung ausfallenden jungen Vaterlandsverteidiger hätten dem Heere bis zum Kriegsausbruch eine Million mehr Streiter zugeführt.

Als um 1908 die Wetterwolken sich immer drohender zusammengezogen hatten, war es noch dringender, die ganze Volkskraft für das Heer auszuschöpfen. Selbst 1912/13, als die Feinde in West und Ost ihre Wehrpflicht aufs höchste anspannten, wäre es noch von einschneidendster Bedeutung für unsere Erstarkung gewesen, wenn bei der großen Heeresvorlage dieser Schritt getan worden wäre. Diese brachte nach endlosen parlamentarischen Kämpfen vom Winter bis Juli 1913 gewiß einen wesentlichen, aber doch noch ungenügenden Zuwachs für die Kriegsformationen. Aber ohne die Bewilligung aller Mehrforderungen des Generalstabes und ohne Einbringung und Durchsetzung der vollen allgemeinen Wehrpflicht blieb es Stückwerk. Vielleicht, wie schon einmal bei der Heeresvorlage unter Bismarck 1888, wären anderenfalls Frankreich und seine Bundesgenossen vor einem Angriffskrieg zurückgeschreckt. Statt dessen war durch die Unterlassung und die vor aller Welt offenkundige Einstellung der Reichstagsmehrheit geradezu der Anreiz zum Kriege gegeben.

Außer der unserer Volkskraft nicht entsprechenden unzureichenden Stärke unseres Kriegsheeres war noch ein anderer Mangel von schwerwiegender Bedeutung: Das Fehlen ausreichender wirtschaftlicher Kriegsvorbereitung. Sie war hinsichtlich der Ernährung von Volk und Heer um so unerläßlicher, als die Gefahr bestand, von jeglicher Zufuhr aus dem Ausland abgeschnitten zu werden, und man einem wohl jahrelangen Ringen der Nationen entgegenging. Das Drängen des Generalstabes und der Militärverwaltung in den letzten Jahren vor Kriegsbeginn, große Verpflegungsmengen bereitzustellen, scheiterte in der Regierung wegen „Mangel an Mitteln“ und noch größerem Mangel an Einsicht. Für den Zeitpunkt des Kriegsausbruchs ist bedeutsam, daß Frankreich mit seinem fieberhaft betriebenen Kriegsrüsten eine Last auf sich genommen hatte, die kaum lange von ihm hätte getragen werden können.

2. Die deutschen Operationspläne

Die politische und militärische Lage Deutschlands seit 1871 hatte, wie ausgeführt worden ist, die Kriegsvorbereitungen des Generalstabes auf den gleichzeitigen Krieg gegen Frankreich und Rußland eingestellt. Der Hinzutritt Englands zu den Feinden, der später wechselnd mehr oder weniger wahrscheinlich war, bedeutete, ebenso wie derjenige Belgiens, für den Landkrieg nur eine Verstärkung des westlichen Gegners. Sie war, wegen des für den Kriegsbeginn verhältnismäßig nicht stark zu bewertenden Kräftezuwachses im Feldkrieg, für den Operationsplan nicht von entscheidender Bedeutung. Die Hauptaufgabe der Kriegsvorbereitungen und der Kampfdurchführung England gegenüber fiel der Marine zu.

Frankreich und Rußland wuchsen durch Vergrößerung ihrer Heere, Erhöhung ihrer Kampfkraft und Ausgestaltung aller Kriegsmittel zu immer gewaltigeren Militärmächten an. Beiden gegenüber war in dem ganzen Zeitraum unsere militärische Lage insofern die gleiche, als sie zusammen Deutschland, mit oder ohne Österreich als seinem Bundesgenossen, weit überlegen waren. Naturgemäß wechselten die Verhältnisse im einzelnen auf beiden Fronten verschiedentlich. Inwieweit dieser Umstand und noch gewichtigere andere Gründe die deutschen Pläne für die Kriegführung beeinflußten und zu mannigfachen Wandlungen derselben führten, sollen die weiteren Ausführungen ergeben.

Die den Feldzugsplan bestimmenden allgemeinen Gesichtspunkte sind in dem im Vorwort genannten Buch von General der Infanterie von Kuhl treffend und erschöpfend behandelt; er gibt auch eine auf amtlichen Quellen und Denkschriften beruhende eingehende Darstellung der Operationsabsichten des deutschen Generalstabes und ihrer Begründungen. Ich folge daher diesen Ausführungen, um die wesentlichsten Punkte hervorzuheben, die zu späteren Betrachtungen überleiten sollen.

Im Generalstab wurde der Feldzugsplan in der Operationsabteilung bearbeitet; ihr lag ob, unsere Wehrkraft und Kampfmittel zu bewerten, und die Anregungen zu geben für den Ausbau des Heeres, seine Ausbildung und Bewaffnung. Die militärischen und politischen Verhältnisse in den fremden Staaten richtig einzuschätzen, war Sache anderer Abteilungen. Dabei handelte es sich vornehmlich um folgende Dinge: Stärke der feindlichen Heere, ihre Kampfkraft und ihre Kriegsmittel; die Kriegsbereitschaft des Feindes, die Absichten der feindlichen Heeresleitungen für die Versammlung der Streitkräfte und die Durchführung des Krieges sowie das Zusammenwirken der feindlichen Verbündeten; endlich den Zeitpunkt für den Beginn der Bewegungen des Feindes. Daß über diese, für den deutschen Operationsplan nötigen Unterlagen im Generalstab 1914 volle Klarheit herrschte, bestätigt General von Kuhl: „Alle Verhältnisse waren, wie der Kriegsbeginn ergeben hat, richtig beurteilt; Überraschungen, die hätten vorausgesehen werden können, sind nicht eingetreten.“

Auch bei größter Sicherheit in der Einschätzung aller Umstände beim Feinde und richtiger Beurteilung der eigenen Mittel ist aber der Operationsplan kein Rechenexempel. Denn theoretische Erwägungen führen zu verschiedenen Schlüssen, und die wichtigeren Kriegserfahrungen früherer Feldzüge können nur gewisse Grundsätze ergeben, deren Anwendung von der jeweiligen Auffassung abhängt und von veränderten Bedingungen neuerer Kriegführung beeinflußt wird.

Bedeutungsvoller jedoch als die nüchterne Abwägung aller Verhältnisse sind für die Operationsentschlüsse die Geistes-, Gemüts- und Charaktereigenschaften der verantwortlichen Persönlichkeit. Entscheidend für den Erfolg im Kriege sind dann aber auch nicht die Operationspläne, sondern die Durchführung der Entschlüsse. Hierzu sind unerläßlich: sichere Urteilskraft, Willensstärke, Zuversicht des obersten Führers zu sich, seinen Führern und Truppen, Kühnheit und Feldherrnbegabung.

Für den Operationsplan war in erster Linie zu entscheiden, wo die Hauptmasse der Streitkräfte einzusetzen, und wie sie zu bemessen war; dann war der Entschluß zu fassen, wie die Operationen auf jeder Front geführt werden sollten. Unmittelbar nach dem Kriege 1870/71 hielt Feldmarschall Graf von Moltke die deutschen Streitkräfte für stark genug, im Falle des Krieges auch gegen Rußland, nach beiden Seiten zugleich angreifen zu können; welche Kräfteverteilung dazu vorgesehen war, kann nicht angegeben werden. Sehr bald schon kam er davon ab, hauptsächlich durch die schnelle Wiedererstarkung der französischen Wehrmacht. Seitdem ist niemals mehr die Heeresleitung in der Lage gewesen, die deutschen Armeen zu ersten großen Angriffsoperationen gleichzeitig nach beiden-Seiten in Bewegung setzen zu können. Das Stärkeverhältnis gebot, auf einer Front stets die Abwehr ins Auge zu fassen. Nach welcher Seite die Anfangsoffensive erfolgen sollte, das blieb der schwerwiegende Entschluß. Für die Wahl mußte die militärische Beurteilung entscheidend sein, welche Erfolgaussichten sich für die gesamte Operationsdurchführung boten zum Zwecke einer möglichst schnellen glücklichen Beendigung des Krieges.

Die Operationspläne konnten nicht weiter festgelegt werden, als daß die Versammlung der Armeen für die Aufmarschbearbeitung angeordnet, die ersten Bewegungen und Maßnahmen bis zum Beginn der Operationen in den den Kommandobehörden mit Kriegsbeginn zugehenden Aufmarschanweisungen niedergelegt und endlich besondere, schon im Frieden vorzubereitende Aufgaben, namentlich über den Grenzschutz mitgeteilt wurden. Im weiteren war nur der große operative Gedanke im Generalstab klarzustellen, der auf der Angriffsfront möglichst das Ziel zu verfolgen hatte, die feindliche Hauptmasse schnell und unter für sie ungünstigsten Bedingungen im freien Felde vernichtend zu schlagen. Im übrigen hing die Kriegführung von dieser Entscheidung, von den Maßnahmen des Feindes, von der Lage auf dem anderen Kriegsschauplatz ab und von anderen Umständen, die noch im Schoße der Zukunft ruhten.

Diese Beschränkung des Operationsplanes betont besonders Feldmarschall Graf von Moltke, der nach Graf Schlieffen „der große Lehrmeister war, welcher praktisch auf den Schlachtfeldern von Königgrätz, Metz und Sedan für den deutschen Generalstab das Geheimnis des Sieges geborgen hat". Moltke schreibt: „Es ist eine Täuschung, wenn man glaubt, einen Operationsplan auf weit hinaus feststellen und bis zu Ende durchführen zu können. Vieles wird unausführbar, was man beabsichtigen mochte. Die geänderten Verhältnisse richtig auffassen, auf eine absehbare Frist das Zweckmäßige anordnen und entschlossen durchführen ist alles, was die Heeresleitung zu tun vermag." Anschließend ist auch auf das hinzuweisen, was Friedrich der Große über die Fassung der Operationsentschlüsse sagt: „Groß angelegte Feldzugspläne sind die besten. Bei ihrer Ausführung merkt man, was möglich ist, und beschränkt sich auf das Ausführbare. Solche Pläne sind nicht immer erfolgreich, gelingen sie aber, so entscheiden sie den Krieg."

Da das Angriffsheer so stark wie nur irgend möglich zu machen war, mußte für die Abwehr die denkbar geringste Zahl von Streitern vorgesehen werden. Dies konnte dann schon sehr frühzeitig die Zuführung von frei werdenden Kräften erforderlich machen; denn mit der Abwehr allein war der Feind nicht niederzuringen. Der operative Entschluß mußte dies daher von vornherein ins Auge fassen und festhalten, um den Zeitpunkt für die dringliche Unterstützung oder gegebenenfalls die Verlegung des Schwerpunktes nach der anderen Front nicht zu verpassen. So war der

Zweifrontenkrieg eine gewaltige Operation auf der inneren Linie, durch die allein die zahlenmäßige Überlegenheit ausgeglichen und Aussichten für überraschende entscheidende Erfolge gewonnen wurden. Graf Schlieffen bezeichnete sie als das Vorzüglichste, aber auch Schwierigste, was der Feldherr zu leisten hat.

Die Mobilmachung des Heeres, der die jeden Herbst neu festzustellenden Ersatzverhältnisse zugrunde lagen, mußte jährlich neu bearbeitet werden. So war auch jedes Jahr die vollständige Neubearbeitung des gesamten Aufmarsches notwendig. Dadurch ergab sich ausreichende Gelegenheit, auch den Operationsplan je nach der jeweiligen militärischen und politischen Lage Änderungen zu unterziehen. Ihn für das „Mobilmachungsjahr" festzuhalten, war nötig, da für die Militäreisenbahnbehörden und die Eisenbahnverwaltungen eine jährliche Neubearbeitung der Aufmarschbewegung das Äußerste war, was füglich geleistet werden konnte. Auch der Operationsabteilung des Großen Generalstabes, den Truppengeneralstäben und Kommandobehörden lag hierbei eine so große Arbeit ob, daß ein öfterer Wechsel nicht angängig gewesen wäre. Doch konnten Verschiebungen nicht wesentlicher Art jederzeit vorbereitet, selbst der Ausführung erst bei Kriegsausbruch vorbehalten werden. Ob und wie weit dann auch noch eine gänzliche Umgestaltung des Operationsplanes ausführbar gewesen wäre, wird späterer Betrachtung vorbehalten.

Generalfeldmarschall Graf von Moltke hatte sich, nachdem er entschlossen war, die Offensive nur nach einer Seite zu führen, zum Angriff gegen Frankreich entschieden als gegen den gefährlichsten und am schnellsten kriegsbereiten Gegner. Schon in der dritten Woche rechnete er mit der Entscheidungsschlacht, von der er erwartete, starke Kräfte für die Verstärkung der Streitkräfte im Osten frei zu bekommen. Moltke hatte wohl nicht mit einer „Vernichtungsschlacht" im Westen geglaubt rechnen zu dürfen, da er annahm, nicht bis nach Paris verfolgen zu können. Für den Osten setzte er voraus, daß die Russen bis zur vierten Woche noch nicht bis zur Weichsel vorgedrungen seien; gewiß eine äußerst vorsichtige Schätzung, denn in späteren Jahren rechnete man erst nach vier Wochen auf das Erscheinen der Russen an den ostpreußischen Grenzen.

Der Plan befriedigte den Feldmarschall nicht mehr, als sich die militärische Lage wesentlich geändert hatte. Er ließ ihn 1879/80 fallen in der Absicht, gegen Rußland offensiv zu werden, gegen Westen eine starke Defensive zu führen. Seine eingehende Begründung ergibt, daß die Reorganisation der französischen Armee, die Neubefestigung von Paris und die lange Kette der gegen die deutsche Grenze vorgeschobenen Festungen und Forts ihn dort nicht mehr auf eine schnelle Kampfentscheidung rechnen ließ. Dagegen schienen ihm im Westen die Verhältnisse für die Verteidigung günstig, da die Flügel an neutrale Gebiete, Belgien und die Schweiz, angelehnt waren, und die Front auf der Südhälfte durch die Vogesen geschützt war, hinter denen der Rhein mit seinen Festungen einen neuen starken

Abschnitt bildete. In Lothringen sollte in einer starken Stellung vorwärts der Saar der feindliche Angriff angenommen werden, um über die Franzosen mit hinter den Flügeln gestaffelten starken Kräften herzufallen, sowie der Feind die Gelegenheit dazu böte. Von Interesse ist, daß der Feldmarschall schon die Möglichkeit eines französischen Durchmarsches durch Belgien erwog. Ein solcher käme am Rhein zum Stehen. Wenn der Fall einträte, müsse man den Franzosen entgegenrücken und sie zwingen, mit der Front nach Süden zu schlagen, Holland hinter sich, die Verbindungen nach der Heimat in der Flanke.

Für die Kriegführung gegen Rußland hielt Moltke nunmehr die Offensive für unbedingt geboten, da durch sie allein unsere lange offene Ostgrenze geschützt werden könne. Der bei Warschau versammelte Feind habe die innere Operationslinie; zudem könne einem feindlichen Vormarsch unmittelbar auf Berlin nur mit großem Zeitverlust entgegengetreten werden, da nur vier einspurige Bahnen zur Ostgrenze führten. Der Abschluß des Bündnisses mit Österreich-Ungarn hatte die Verhältnisse im Osten zweifellos gewandelt und begünstigte dort die deutsche Offensive. Moltke rechnete mit der Bereitstellung eines österreichisch-ungarischen Heeres von 500000—600000 Mann in Galizien und ihrem Einmarsch in Wolhynien. Ob der Hauptangriff der Russen gegen Deutschland oder Österreich geführt werden würde, blieb zweifelhaft; gegen Deutschland rechnete Moltke mit der Bereitstellung einer Armee am Njemen und von zwei Armeen am Narew. Durch Ausnutzung schnellerer Versammlung der deutschen und österreichisch-ungarischen Kräfte konnte man dem russischen Angriff zuvorkommen. Zu der deutschen Offensive sollten sieben Armeekorps verwendet werden, von denen zwei nach Gumbinnen und Lyck vorzufahren waren, während die Hauptkräfte wegen der unzureichenden Bahnverbindungen auf der 200 km langen Front Inowrazlaw—Ortelsburg ausladen mußten. Die Hauptkräfte hatten auf Pultusk—Ostrolenka vorzugehen, um den Feind diesseits oder jenseits des Narew zu schlagen. Dem Angriff der Njemenarmee hatten die zwei östlichen deutschen Korps offensiv oder defensiv hinter der Angerapp zu begegnen.

Als durch Italiens Beitritt 1882 der Dreibund geschlossen war, wurde für die Westfront die Heranführung mehrerer italienischer Korps an den Oberrhein zugesagt; auch war auf das Festhalten französischer Kräfte an der italienischen Alpengrenze angeblich in diesem Fall zu rechnen. Demungeachtet blieb der Feldmarschall bei seinem Plan.

Als General Graf Waldersee 1882 dem Feldmarschall als Generalquartiermeister zur Seite getreten war, regte er vorübergehend an, im Kriegsfall die deutschen Hauptkräfte zum Angriff im Westen zu verwenden. Damals (1886/87) wurde von Frankreich fieberhaft zum Kriege gedrängt und sein Anschluß an Rußland stärker betrieben. 1888 zum Nachfolger des Feldmarschalls ernannt, vertrat Graf Waldersee wieder den Moltkeschen Aufmarschplan. Er wollte im Westen durch eine „nachhaltige Defensive“ die

Franzosen dauernd abwehren. Im Osten beabsichtigte er schleunige Offensive im Verein mit den Österreichern, um möglichst frühzeitig eine große Waffenentscheidung zu erzwingen. Er disponierte dazu gegen Rußland sieben Armeekorps mit zugehörigen Reservedivisionen, die jedoch weiter nach Osten, in der Linie Ortelsburg—Johannisburg—Lyck aufmarschieren sollten. Dann blieben gegen Frankreich dreizehn Armeekorps mit ebensoviel Reservedivisionen. Zu dem Angriff aus Ostpreußen sollte eine Armeeabteilung von Soldau auf Pultusk, eine Armee aus Linie Ortelsburg—Lyck gegen und über den Narew auf Lomsha oder Bialystok, eine gleichstarke von Gumbinnen gegen den Njemen oberhalb Kowno vorgehen. Sollte der Krieg in nasser Jahreszeit ausbrechen (April, Mai und auch wohl im Juni und November), so wollte er entscheiden, ob nicht im Osten schwächere, im Westen stärkere Kräfte einzusetzen seien. Eine begonnene Offensive, die noch nicht die angenommene Verteidigungslinie der Russen am Narew, Bobr und Njemen durchbrochen habe, sollte dann haltmachen, um die Russen, wenn sie die Flußlinie überschritten, anzugreifen. Diese Einschränkungen des Plans erscheinen nicht unbedenklich. Auf die Erfolgaussichten dieser Narew-Offensive wird später zurückgekommen werden.

Als 1891 General d. Kav. Graf von Schlieffen in die Stelle des Chefs des Generalstabes der Armee berufen war, trat bei ihm auf Grund seiner Beurteilung der sich umgestaltenden militärischen Lage allmählich eine Wandlung in den Ansichten ein, durch die er mit der Zeit zu einem vollständig veränderten Operationsentwurf gelangte.

In den ersten Jahren seiner neuen Dienststellung glaubte Graf Schlieffen noch an der gemeinsam mit Österreich gegen die Russen zu führenden Offensive festhalten zu müssen. Doch erschienen ihm die weit voneinander getrennten Operationen aus Ostpreußen und Galizien nicht günstig. Deshalb sollten die Russen aus Oberschlesien und dem südlichen Posen in Richtung über die obere Weichsel und von Süden durch die Österreicher aus Westgalizien gleichzeitig angegriffen werden. Ostpreußen war dagegen nur durch schwache Kräfte zu verteidigen. Es erschien ihm sehr wichtig, die Österreicher nicht allein einer Niederlage auszusetzen; gegenüber Ostpreußen rechnete er mit einer russischen Defensive. Im Westen hielt er eine schnelle Entscheidung nicht für erreichbar, da die Franzosen den deutschen Angriff wohl hinter ihrer Festungslinie abwarten würden; eine Offensive gegen diese war jedoch untunlich. Wenn die Hauptkräfte im Westen verwendet würden, könnten die Fortschritte der Russen bald den Abtransport vieler Korps nach Osten nötig machen.

Die fortschreitende Erstarkung der französischen Wehrmacht, die wachsende Offensivkraft und der französische Angriffsgeist ließen Graf Schlieffen aber bald zu dem Schlusse kommen, daß eine frühzeitige französische Offensive zu erwarten sei, die durch den der Grenze naheliegenden französischen Aufmarsch, die schnellere Mobilmachung und kürzere Versammlungszeit gegenüber den Deutschen erheblich begünstigt war. Die

Franzosen waren daher als der stärkere und gefährlichere Feind von uns anzugreifen; hierzu war eine Überlegenheit an Kräften und neben dem frontalen Angriff eine Umfassung, und zwar von Norden, notwendig. An eine ausgedehnte Umgehung war zunächst nicht gedacht, damit gegebenenfalls einer frühzeitigen französischen Offensive auch durch Gegenangriff begegnet werden könne. Gegen Ende der 90er Jahre hatten sechs Armeen in der Linie St. Vith—Trier—Saarbrücken—Saarburg aufzumarschieren; eine siebente hinter dem rechten Flügel bis südlich Düren. Da fast die gesamten Streitkräfte hierzu gebraucht wurden, blieben für den Osten nur ganz schwache Kräfte zum Grenzschutz, die bei feindlichem Angriff hinter die Weichsel auszuweichen hatten.

Wenn sich Frankreich im Anfang vom Kriege zurückhielt, wurde der Angriff gegen Rußland erforderlich, der nun mit der Hälfte des deutschen Heeres im Verein mit den Österreichern zu führen war. Dann sollte eine starke Armee aus Ostpreußen gegen den Narew-Abschnitt Pultusk—Lomsha mit dem linken Flügel auf Bialystok vorgehen, eine schwächere die russische Njemen-Armee nördlich umfassend angreifen. Die „kleinere Hälfte" des Heeres sollte erst, wenn die Franzosen angriffen, aus den Garnisonen überraschend mit der Eisenbahn gegen ihren linken Flügel vorgeführt werden, um sie dort mit Überlegenheit anzugreifen.

Das Bestreben des Grafen Schlieffen, der Umfassung durch weiteres Ausholen und die Verstärkung des Entscheidungsflügels mehr Nachdruck zu geben, gewann in den nächsten Jahren immer schärferen Ausdruck. Der rechte Flügel, der anfangs nur Luxemburg und das südliche Belgien zu durchschreiten hatte, wurde allmählich weiter nach Norden ausgedehnt, um mit starken Kräften durch Belgien nach Nordfrankreich zu gelangen und auch rückwärtige neue Stellungen der Franzosen zu umfassen. Der weitaus größte Teil des ganzen Heeres hatte hierzu mit Schwenkung um die Defensivfront Diedenhofen—Metz vorzudringen. Der Aufmarsch der zu dieser Bewegung vorgesehenen Kräfte, schließlich 23 Armeekorps, 12½ Reservekorps und 8 Kavallerie-Divisionen, hatte in der Rheinprovinz längs der Grenze mit dem linken Flügel bei Metz zu erfolgen. Noch in den ersten Jahren des Jahrhunderts waren nördlich der Mosel nur 5 bis 6 Armeekorps in erster Linie aufmarschiert. Immerhin bot schon die Ausladung dieser Kräfte in der an Verkehrslinien und namentlich leistungsfähigen Eisenbahnstrecken armen Eifel erhebliche Schwierigkeiten, die noch erörtert werden sollen.

Der linke Heeresflügel in Lothringen erhielt nur die Aufgabe, die linke Flanke des Angriffsflügels durch Abwehr zu schützen, wurde daher entsprechend schwach. Die anfangs noch stärkeren Truppen im oberen Elsaß wurden immer knapper bemessen. Graf Schlieffen besorgte Schwierigkeiten für die Durchführung seines Planes durch einen Vorsprung der Franzosen bei der Mobilmachung und dem Aufmarsch, wodurch sie in der Lage seien, mit Engländern und Belgiern zusammen in Linie Antwerpen—Namur die deutsche Umfassung zu vereiteln. Die Ausreifung des Schlieffenschen Operationsplanes erforderte daher für die Eisenbahn-Kriegsvorbereitungen die denkbarste Beschleunigung für Mobilmachung und Aufmarsch.

Nachfolger des Grafen Schlieffen wurde am 1. Januar 1906 General der Infanterie von Moltke. Er schreibt in seinen „Erinnerungen", daß er sich nie über die Schwere des bevorstehenden Krieges getäuscht habe. Die schwerwiegendste Entscheidung für ihn sei gewesen, ob Deutschland den Zweifrontenkrieg defensiv, oder wenigstens nach einer Seite offensiv führen sollte. Nach eingehender Prüfung habe er sich zu letzterem entschlossen und den Aufmarsch so angelegt, daß die Offensive im Westen mit möglichst starken, die Defensive im Osten mit einem Mindestmaß von Kräften zu führen sei. Zu der erhofften schnellen Entscheidung sei die Umgehung des französischen Festungsgürtels durch Belgien notwendig gewesen.

Damit war im wesentlichen der bisherige Plan bestehen geblieben. Mannigfache, von den Schlieffenschen Gedanken abweichende Erwägungen und Bedenken führten jedoch zu Kräfteverschiebungen, welche es fraglich machten, ob die für die gewaltige Umfassungsbewegung um den französischen Nordflügel vorgesehenen Korps ausreichen würden. Der Wille, zu diesem Angriff alle nur irgend verfügbaren Kräfte einzusetzen, um zur entscheidenden Feldschlacht eine möglichst große Überlegenheit in die Wagschale zu werfen, war nicht unbeirrt festgehalten worden. Das Bedenken, daß eine Armee von vier Armeekorps in Lothringen zwischen Metz und Vogesen für den linken Flügel nicht genügte, veranlaßte ihn, noch eine gleich starke Armee im Elsaß bereitzustellen, bei Straßburg und am Oberrhein, da er glaubte, das Elsaß nicht ungeschützt lassen zu dürfen. So wurde der Angriffsflügel im Norden erheblich schwächer. Es bestand aber die Absicht, Teile der linken Flügelarmeen später nach Belgien heranzuziehen, jedoch wollte er diesen Plan freiwillig aufgeben, wenn die Franzosen nicht angriffen. Dann sollte vielmehr die Lothringer Armee mit der ihr unterstellten Straßburger Gruppe gegen die Mosel unterhalb Frouard und gegen die Meurthe vorgehen, um die dort versammelten französischen Kräfte festzuhalten.

Drangen die Franzosen, was das wahrscheinlichste war, mit Überlegenheit nach Lothringen ein, so hatte die dortige Armee sie offensiv abzuwehren. Durch anfängliches Zurückgehen sollte der Feind nachgezogen und dann mit Umfassung beider Flügel geschlagen werden. Die Straßburger Armee hatte dazu von Süden einzugreifen, während auch von Norden Kräfte gegen die linke feindliche Flanke vorgingen. Dazu war eine befestigte Feldstellung zwischen Metz und Saar an der französischen Nied geschaffen, die durch zahlreiche Landwehrbrigaden und schwere Artillerie besetzt wurde. Gegebenenfalls sollten noch Teile der Nachbararmee von nördlich Metz eingreifen. Endlich war noch vorgesehen, daß vor überlegenem Angriff nach dem Elsaß die dortigen Kräfte über den Rhein und auf Straßburg ausweichen sollten.

Ob und wann Teile vom linken Flügel für den Abtransport nach Belgien frei wurden, hing somit vom Verlauf dieser Ereignisse ab. Eine möglichst frühzeitige Loslösung ist wohl nicht dringlich erschienen, da vorher auch die Heranführung der erst mit Kriegsausbruch aufzustellenden Ersatzdivisionen abgewartet werden sollte.

Auch für den Osten bestand zeitweise die Sorge, ob die dortigen Kräfte ausreichten. Schließlich wurden 6½ Korps für den Schutz Ostpreußens vorgesehen, die einige Zeit vor dem Kriege wieder um 2 Korps vermindert wurden. Dabei war aber ins Auge gefaßt, dem Osten „möglichst frühzeitig" Verstärkungen zuzuführen.

Die mehrfachen Wandlungen der Operationspläne seit 1871 bedingten für die Aufmärsche eine wechselnde Beanspruchung der Eisenbahnen, der die Entwicklung des Verkehrsnetzes und die Streckenleistungen nicht immer genügen konnten. Das mußte sich geltend machen, als für den Angriff gegen Rußland starke Kräfte nach den an Eisenbahnen ärmeren Provinzen, insbesondere über die Weichsel bis unmittelbar an die Grenzen zu fahren waren. Weit mehr noch war es der Fall, nachdem die Versammlung der Hauptmasse des Westheeres, statt wie bisher in der südlichen Rheinprovinz und Lothringen, in dem nur wenige leistungsfähige Linien aufweisenden Eifelgebiet erfolgen mußte.

Bevor die Kriegsvorbereitungen für Mobilmachung und Eisenbahnaufmarsch geschildert werden, ist daher die Entwicklung, Leistungsfähigkeit und Organisation der deutschen Eisenbahnen vom militärischen Standpunkt zu betrachten.

3. Die Entwicklung der deutschen Eisenbahnen in militärischer Hinsicht

Die bis 1871 herrschende staatliche Zersplitterung hatte die Entwicklung eines einheitlichen, leistungsfähigen, dem großen Durchgangsverkehr genügenden Eisenbahnnetzes gehemmt und die Bildung großer selbständiger Verwaltungs- und Betriebsgebiete verhindert (S. 2). Der siegreiche Krieg, der das einige Reich schuf, brachte auch den Wandel im Eisenbahnwesen, der die glänzende wirtschaftliche Entwicklung der Staaten und des Reiches stützte und förderte. Aber auch für die Landesverteidigung hatte die Vervollkommnung der Verkehrseinrichtungen die höchste Bedeutung, da die Ausgestaltung und uneingeschränkte Ausnutzung der Eisenbahnen unentbehrlich für die künftige Sicherheit des Reiches war.

Die Gewinnung der neuen Grenzprovinzen Elsaß und Lothringen fügte dem Eisenbahnnetz das große einheitliche Gebiet der „Reichsbahnen" hinzu, deren Generaldirektion in Straßburg zugleich, aus der französischen Zeit her, den Betrieb der Bahnen im Großherzogtum Luxemburg führte. Die neuen Reichsbahnen wurden dem preußischen Minister der öffentlichen Arbeiten unterstellt.

Die neue Reichsverfassung brachte schon den ersten bedeutungsvollen

Fortschritt zur Vereinheitlichung, indem alle deutschen Eisenbahnen den gleichen Verpflichtungen zugunsten der Landesverteidigung unterstellt wurden. Der große wirtschaftliche Aufschwung bewirkte nun schnell eine außerordentliche Verkehrssteigerung, die den Bau neuer Strecken und die Erweiterung der Bahnhöfe begünstigte. Die Überbeanspruchung des gesamten Betriebsmaterials durch den Krieg verursachte erhebliche Verkehrsschwierigkeiten, die wieder die Vermehrung und Verbesserung der Lokomotiven und des Wagenparks veranlaßten. Mißstimmungen über die ungenügenden Leistungen der Privatbahnen verhalfen zu neuem, wichtigem Fortschritt: die eingesetzte Untersuchungskommission erklärte 1873, daß der Übergang zum Staatsbahnsystem notwendig sei. Aus der Beseitigung bisheriger Mängel zogen die Wirtschaft und die Landesverteidigung in gleicher Weise Nutzen.

In demselben Jahre wurde das Reichseisenbahnamt geschaffen, das durch das ihm verliehene Aufsichtsrecht und seine Aufgabe der Vereinheitlichung aller Eisenbahneinrichtungen und des Betriebes auch wieder wichtige militärische Bedeutung hatte, insbesondere weil ihm im Zusammenwirken mit der Militärverwaltung die Wahrung des Landesverteidigungsinteresses gegenüber den Eisenbahnverwaltungen oblag.

Der Plan des Reichskanzlers Fürsten Bismarck, alle Eisenbahnen zu Reichsbahnen zu machen, scheiterte, obgleich Bismarck das Ziel hartnäckig verfolgt hatte. Bei der Militärverwaltung ist das Bestehenbleiben gesonderter Staatseisenbahnverwaltungen nicht als ungünstig empfunden worden. Vielmehr war nach meinen Erfahrungen der Wetteifer, mit dem die Staats- und auch große Privateisenbahn-Verwaltungen den Anregungen des Chefs der Eisenbahnabteilung, als Vertreter der Militärverwaltung, nachkamen und die Belange der Landesverteidigung vielfach selbsttätig unterstützten, diesen nur förderlich. Die Verstaatlichung von Privatbahnen schritt namentlich in Preußen schnell fort mit großartigem finanziellen Erfolg, so daß die anderen Staaten folgten. Doch erst 1892 war sie im wesentlichen abgeschlossen. In diesem Jahre trat endlich auch an Stelle des alten „Bahnpolizei-Reglements“ von 1870 die „Betriebsordnung für die Eisenbahnen“ und die „Bahnordnung für die Nebenbahnen Deutschlands“. Sie waren für die Landesverteidigung von großer Bedeutung, da sie die Festsetzungen für Bau und Betrieb enthielten, die militärischerseits durch den Chef der Eisenbahnabteilung gefordert und vertreten worden waren, um die Steigerung der Leistungsfähigkeit der Eisenbahnen und ihre Ausnutzung für die Militärtransportbewegung sicherzustellen.

Auch eine Neuordnung der preußischen Verwaltung war militärisch wichtig. Unter nunmehr 20 Eisenbahndirektionsbezirken mit Präsidenten, die größere selbständige Befugnisse erhielten, leiteten Bau- und Betriebsinspektionen den Betriebsdienst in den ihnen zugeteilten Bezirken; das gleiche war bei den anderen Staatseisenbahnen der Fall. Dadurch wurde die Leitung und Überwachung auch der Militärtransportbewegung dezentralisiert.

Anfang der 90er Jahre war das rund 50 000 km große Netz der deutschen Eisenbahnen im allgemeinen abgeschlossen. Nur einzelne wichtige Verbindungslinien für den Durchgangsverkehr kamen später noch hinzu. Die Zubringer zu ihnen waren der Entwicklung von „Nebenbahnen" vorbehalten. Diese hatten militärisch als Heranführungslinien zu den Hauptbahnen und Bindeglieder zwischen den Aufmarschstraßen, namentlich auch als Auslauflinien in den Grenzgebieten vielfach große militärische Bedeutung. Da die Verwaltungen aus wirtschaftlichen Gründen im allgemeinen nur einen dem öffentlichen Verkehrsinteresse gerade genügenden Ausbau vorsahen, entsprachen die Projekte nicht immer dem militärischen Bedürfnis. Besonders war es geboten, die Normen für die Bauausführung von Hauptbahnen grundsätzlich auf alle die Nebenbahnen auszudehnen, die den vorgenannten Zwecken der Landesverteidigung dienten. Die gesetzliche Regelung in diesem Sinne erfolgte später (S. 38/39).

Soweit die aus öffentlichen Verkehrsbedürfnissen fortschreitende Entwicklung des Eisenbahnnetzes den notwendigen militärischen Anforderungen nicht genügte, mußte Ausbau aus Reichsmitteln erfolgen. Die Beträge wurden unter allgemeiner Bezeichnung „Landesverteidigung" im Heeresetat aufgeführt und vom Chef der Eisenbahnabteilung im Ausschuß der Budgetkommission des Reichstages vertreten. Die Forderungen, deren Dringlichkeit für die Landesverteidigung auch dem Laien einleuchten mußte, fanden meist ohne Schwierigkeiten Bewilligung, wenn ihr Nutzen auch vom volkswirtschaftlichen Standpunkt dadurch anerkannt worden war, daß die Einzelstaaten sich zur Vorwegleistung eines Teilbetrages zu den im übrigen vom Reich zu tragenden Kosten bereit erklärt hatten. Dieser Nutzen war stets nachzuweisen; dennoch waren oft monatelange Verhandlungen erforderlich, da die Einzelstaaten wenig geneigt waren, über das dringendste Friedensbedürfnis hinaus Zuschüsse zu leisten, und die Belastung des Heeresetats bei den geringen Reichsmitteln sehr unerwünscht war. Jedenfalls hat der strategische Ausbau in hohem Grade die Ausgestaltung des Eisenbahnnetzes und seiner Anlagen auch zu volkswirtschaftlichem Nutzen gefördert. Der strategische Ausbau betraf den Bau neuer Bahnlinien zur Gewinnung neuer Transportstraßen, Erhöhung der Leistung zweigleisiger Strecken durch vermehrte Zugfolgestationen, Bau zweiter Gleise oder zahlreicherer Ausweichstellen für ganze Militärzüge, Strombrücken über Rhein und Weichsel, Umgehungskurven bei großen Bahnhöfen u. a. m.

Mit der sprunghaften Steigerung des Friedensverkehrs konnten die Eisenbahnen wohl im allgemeinen Schritt halten, doch entstanden Verkehrskrisen, die nur durch außerordentliche technische Fortschritte zu überwinden waren und für die Durchführung der Kriegstransportbewegung bedeutungsvolle Betriebsverbesserungen brachten. Am wichtigsten war die volle Durchführung des elektrischen Nachrichten- und Signaldienstes, die elektrische Bedienung der Weichen von Stellwerken aus und auf maschinentechnischem Gebiet die Einführung überhitzten Dampfes bei Lokomotiven.

Auch die Anfänge elektrischer Zugbeförderung kamen: 1896 wurde die Berliner Hoch- und Untergrundbahn damit versehen, 1900 über das Weichbild der Stadt hinaus die Wannseebahn dazu eingerichtet. (Weiteres hierüber siehe Anhang.)

1904 hatten die deutschen Eisenbahnen eine Betriebslänge von über 52 000 km (gegen 20 000 im Jahre 1870), Frankreich 45 000 (gegen 17 000 im Jahre 1870) und Rußland über 53 000 km. Einen wichtigen Vergleichspunkt ergibt die Zahl der Dampflokomotiven: Deutschland 20 000, Frankreich 12 000, Rußland nur 10 000. Ungefähr von dieser Zeit ab war die Entwicklung des deutschen Eisenbahnnetzes und die Leistungsfähigkeit der Strecken im Militärfahrplan eine solche, daß, soweit dies zu beurteilen möglich war, beim Aufmarsch der bis dahin bestehende Vorsprung der Franzosen etwa eingeholt sein konnte, und dem Russen gegenüber eine auf mehrere Tage zu schätzende Überlegenheit in der Operationsbereitschaft bestand. Beim Kriegsausbruch konnte mit vollkommener Zuversicht erwartet werden, daß die Eisenbahnen den hochgesteigerten Anforderungen nach jeder Richtung gewachsen sein würden. Der spätere Feldeisenbahnchef General Gröner hat in dem 1923 erschienenen, im Vorwort genannten Werk als Eisenbahnminister das Urteil abgegeben: „Beim Kriegsausbruch stand Deutschland an der Spitze des Weltverkehrs. Die Anlagen, Sicherheit und Pünktlichkeit des Betriebes waren mustergültig. Die militärischen Vorbereitungen waren vollendet. Dem entsprachen die Leistungen der Eisenbahnen, die, als Teil der lebendigen Kraft des Volkes, ein sicheres Kriegsinstrument in der Hand des Feldeisenbahnchefs waren dank der glänzenden Organisation."

Wie diese Organisation geschaffen worden ist, und die Kriegsvorbereitungen zu dieser Vollendung gelangt sind, ist in den beiden folgenden Abschnitten geschildert.

4. Das Militäreisenbahnwesen und die Aufmarschvorbereitungen bis 1903

Nach dem Deutsch-Französischen Kriege galt es, vor allem den empfindlichsten Mangel zu beseitigen, der sich bei der militärischen Leitung der Eisenbahn-Transportbewegung gezeigt hatte. Es mußte eine Organisation der Militäreisenbahnbehörden geschaffen werden, die nach den bei Mobilmachung und Aufmarsch gemachten Erfahrungen den Kriegsbedürfnissen voll entsprach. Die Neubildung wurde in der Reichsverfassung vom 16. April 1871 festgelegt, die das Verhältnis der Staatsbehörden zueinander und zur Militärverwaltung regelte. Das Gesetz über die Kriegsleistungen vom 13./27. Juni 1873 trat in Gültigkeit, das in hochgemuter, für die Heeresentwicklung gesunder Zeit geschaffen, die Rechte der Militärverwaltung hinsichtlich der von den Eisenbahnen im Frieden und im Kriege zu fordernden Transportleistungen festsetzte. Der Weg für die weitere Entwicklung des Militäreisenbahnwesens war lang und mühselig; erst 1879 kam die Organisation zu einem vorläufigen Abschluß.

Oberste Militäreisenbahnbehörde war die Eisenbahnabteilung des Großen Generalstabes unter einem Abteilungschef, mit Stabsoffizieren und Hauptleuten des Generalstabes als Sektionschefs. Die Bearbeitung der „Liniengebiete" erfolgte durch Stabsoffiziere und Hauptleute des „Nebenetats" und als „Eisenbahnkommissare" beim Generalstab befindliche Offiziere und einige junge, in der Abteilung weiter zu bildende Generalstabsoffiziere, denen eine große, für die Wintertätigkeit noch erhöhte Zahl kommandierter Leutnants des Großen Generalstabes zugeteilt wurde. Unter den älteren Offizieren des Nebenetats und bei den „Eisenbahnkommissaren" befand sich eine Anzahl zur Schonung aus dem Truppendienst abkommandierter Offiziere, denen Vorbildung im Generalstabe fehlte, und von denen einzelne geistig und körperlich den verantwortungsvollen, monatelang überanstrengenden Arbeiten nicht gewachsen waren. Dieser Organisationsmangel konnte 1903/04 abgestellt werden.

Dem Chef der Eisenbahnabteilung unterstellt, wirkten am Sitz von vielen Eisenbahnverwaltungen, von denen meist 2 bis 3 zu einem „Liniengebiet" zusammengeschlossen waren, die Eisenbahn-Linienkommissionen. Hierin lag mit die wesentlichste Verbesserung gegenüber 1870, wo die von der Mitte des Reichs bis zur Grenze zahlreiche Verwaltungsgebiete durchlaufenden Transportstraßen je einer Linienkommission unterstanden hatten. Nun war für die Bearbeitung und die Leitung der Transportbewegung unmittelbare Verständigung der Eisenbahnlinienkommissare wenigstens mit je einer Eisenbahnverwaltung am Ort sichergestellt, außerdem der schnelle mündliche Verkehr mit den örtlichen Generalkommandos ermöglicht. Die Ausdehnung der Liniengebiete, die von mehreren Transportstraßen berührt waren und auch noch freie Umgehungs- und Ablenkungslinien aufwiesen, gestattete den Linienkommissionen, sich bei Transportstörungen selbst zu helfen, und endlich war ein rasches persönliches Eingreifen gewährleistet. In der Folge ergab sich, daß die Liniengebiete zu groß waren, da die immer mehr wachsende Arbeit nicht bewältigt werden konnte; auch war teilweise immer noch der umständliche Verkehr mit auswärtigen Eisenbahnverwaltungen bestehen geblieben. Leider erforderte die Beschränkung in den jährlichen Forderungen für den Heeresetat, die Beseitigung dieses Mangels auf viele Jahre zu verteilen. Die Linienkommissionen bestanden aus dem „militärischen Mitglied", einem in der Eisenbahnabteilung und im technischen Betrieb vorgebildeten Stabsoffizier, und aus dem „technischen Mitglied", einem nur in diesem Dienst tätigen höheren Eisenbahnbeamten, sowie dem erforderlichen Unterpersonal.

Bayerische, sächsische und württembergische Generalstabsoffiziere waren der Eisenbahnabteilung zur Vorbildung im Militäreisenbahnwesen zugeteilt, ferner besonders geeignete Truppenoffiziere zur Anlernung für die spätere Verwendung als Eisenbahnlinienkommissare ihrer heimatlichen Gebiete.

Der Chef der Eisenbahnabteilung hatte nach der Mobilmachung als Chef des Feldeisenbahnwesens zum Großen Hauptquartier überzutreten. Ihn ersetzte in Berlin ein stellvertretender Chef. Für den östlichen Kriegsschauplatz war ein besonderer Feldeisenbahnchef vorgesehen. Die übrigen Militäreisenbahnbehörden blieben in ihrer Diensttätigkeit bestehen, nur wechselte der Name in Linienkommandanturen und -kommandanten; die spätere Beseitigung der abweichenden mißlichen Friedensbenennung war nicht bedeutungslos. An neuen Behörden traten im Kriegsfall nur die Bahnhofskommandanturen für Ein- und Ausladebahnhöfe, sowie für Verpflegungs- und „Sammel"-Stationen ins Leben und endlich für die Zeit des Aufmarsches für jede Armee ein Ausladekommissar, der die Ausladung zu überwachen und bei Störungen oder bei angeordneter Abänderung der planmäßigen Versammlung im Aufmarschgebiet in Verbindung mit dem Armeeoberkommando das Entladen neu zu regeln hatte.

Die besondere, von den sonstigen militärischen Verhältnissen abweichende Stellung des Chefs der Eisenbahnabteilung ist für die Entwicklung des Militäreisenbahnwesens von großer Bedeutung gewesen. Verfassungsmäßig war der Kriegsminister der Vertreter der Militärverwaltung, den anderen Reichsbehörden gegenüber wie vor dem Reichstag. Dem Chef der Eisenbahnabteilung fiel diese Vertretung bei allen sein Gebiet berührenden Verhandlungen zu und geschäftsmäßig die Bearbeitung der durch das Kriegsministerium laufenden Eisenbahnangelegenheiten. Andererseits unterstand der Abteilungschef, verantwortlich für Kriegsvorbereitungen, dem Chef des Generalstabes der Armee. Er war aber auf dem Gesamtgebiet des Militäreisenbahnwesens in seinem Urteil unabhängig. Dies gab ihm eine Selbständigkeit, die ein Ansporn zu möglichster Betätigung war und ihm zugleich eine große Verantwortung auferlegte. Er mußte die betrieblichen und technischen Verhältnisse beherrschen, soweit sie die Militärtransportbewegung betrafen, und eine genaue Kenntnis des deutschen Eisenbahnnetzes besitzen, in gewissem Umfang auch die ausländischen Eisenbahnen kennen. Den Eisenbahnverwaltungen und dem Reichseisenbahnamt gegenüber mußte er ein sicheres Urteil haben, bis zu welchem Höchstmaß die Eisenbahnen für den Kriegsfall angespannt werden konnten.

Die Mobilmachungstransporte, soweit sie mehrere Liniengebiete berührten, und die gesamten Aufmarschtransporte, ausschließlich derjenigen für den Grenzschutz, wurden in der Eisenbahnabteilung bearbeitet. Die innerhalb des Liniengebietes bleibenden Transporte regelten die Linienkommissionen. Sie hatten dann die gesamte Transportbewegung in Fahrtlisten festzulegen, die sie schon im Frieden den Eisenbahnverwaltungen zustellten, jedoch ohne Bezeichnung der die Züge benutzenden Kriegsformationen. Bei den Eisenbahnverwaltungen lagen die Vorbereitungen für die technische Durchführung aller Transporte allein in der Hand der „Bahnbevollmächtigten in Militärangelegenheiten". Diese hatten außerdem für die Mobilmachung der Eisenbahnen so weit vorzusorgen, daß die sichere und pünktliche Durchführung der gesamten Kriegstransportleistung unbedingt gewährleistet war. Die Bahnbevollmächtigten traten mit erfolgtem Mobilmachungsbefehl für die Betriebsleitung an die Stelle der Präsidenten, deren Vertreter sie im Frieden waren. Damit war sichergestellt, daß das wichtige Amt der Bahnbevollmächtigten den Betriebsdezernenten übertragen wurde. Auf ihnen lag daher eine ungeheure Arbeitslast und Verantwortung. Diese Beamten haben, wie auch die technischen Mitglieder der Linienkommandanturen, an hingebender, verständnisvoller Mitarbeit bei den Kriegsvorbereitungen des Generalstabes Außerordentliches geleistet und ein großes Verdienst an der fortschreitenden größeren Kriegsbereitschaft des Heeres und dem vollen Gelingen von Mobilmachung und Aufmarsch gehabt.

Das Reichseisenbahnamt (S. 18) war eine vorzügliche Stütze der Militärverwaltung, insbesondere des Chefs der Eisenbahnabteilung, und hat die Vervollkommnung der betriebstechnischen Vorbereitungen bei den Verwaltungen wesentlich gefördert.

Etwa von 1890 ab stiegen, entsprechend dem anwachsenden Beurlaubtenstand, die Masse der Mobilmachungstransporte und die Zahl der planmäßigen Kriegsformationen erheblich; zugleich war eine Beschleunigung der Bereitstellung für den Operationsbeginn dringlich. Da der Militärfahrplan*) auf vielen Strecken vollbelastet war, und die täglichen Zugleistungen künftig nicht ausreichen konnten, erfolgte durch die Fahrplansektion, die Linienkommissionen und Bahnbevollmächtigten eine vollständige Neubearbeitung der Militärfahrpläne für das gesamte Eisenbahnnetz. Mit geringer Erhöhung der Fahrtgeschwindigkeit und vielfachen Ausgestaltungen der Streckeneinrichtungen (vermehrte Zugfolgestationen, zahlreichere Kreuzungsgleise für ganze Militärzüge) wurde eine Erhöhung der Zugzahl erreicht, die nun auf zwei- und eingleisigen Strecken ungefähr das Doppelte gegenüber 1870 betrug. Die veralteten Militärfahrpläne hatten noch „Ortszeiten" enthalten, die wie bei den Dienstfahrplänen der Eisenbahnverwaltungen durch einheitliche Zeit ersetzt werden mußten. Um Reibungen im Kriegsfall vorzubeugen, drang die Militärverwaltung auf Einführung der einheitlichen Zeit auch im öffentlichen Verkehr, die in der Presse mehrfach erörtert worden war. Aber eine Mehrheit im Reichstag hielt für nötig, mit kleinlichen Bedenken Widerstand zu leisten. Da mußte der greise Feldmarschall von Moltke, zum letzten Male, vor dem Plenum erscheinen. In den Generalstabsakten sind zwei Bogenseiten für den Feld-

*) Im Militärfahrplan hatten alle Züge gleichmäßige Geschwindigkeit und Zugfolge, die so dicht war, daß die Leistungsfähigkeit der Strecken möglichst ausgenutzt wurde. Die schweren, voll belasteten Militärzüge erforderten zu sicherem Betrieb mäßige Fahrtgeschwindigkeit. Zur Erreichung guter Anschlüsse hatten zwei- und eingleisige Strecken je gleiche Zugzahlen, die fast stets mit gleichen Zugnummern in beiden Richtungen an den Übergangsstationen anschlossen.

marschall mit Gründen beschrieben worden. Aber er sagte nur etwa die Worte: „Die gesetzliche Einführung einheitlicher Zeit ist notwendig für die Sicherheit der vornehmsten Reisenden, und das sind die zu den Grenzen fahrenden Vaterlandsverteidiger!“ Begeisterte Zustimmung ließ Widerspruch nicht mehr aufkommen.

Gegen Mitte der 90er Jahre trat Oberstleutnant Budde an die Spitze der Eisenbahnabteilung. Durch seine Begabung, Tatkraft und nie rastende Arbeitslust hat er sich außerordentliche Verdienste um die weitere Entwicklung des Militäreisenbahnwesens erworben. Die betriebstechnische und sonstige Ausbildung der Offiziere förderte er durch vermehrte Kommandierung zu den Eisenbahnverwaltungen im heimischen Gebiet und nach dem Ausland, durch Teilnahme an technischen Versuchsfahrten und Beteiligung an Konferenzen. Die Schaffung von drei neuen Linienkommissionen durch den Heeresetat brachte die Organisation dem Abschluß näher. Besonders nützlich für die Landesverteidigung waren die Fortschritte im strategischen Ausbau der Eisenbahnen, namentlich die Schaffung einer zweiten Rheinbrücke bei Mainz mit großzügiger Umgestaltung der dort heran- und weiterführenden Transportstraßen, ferner die Herstellung einer neuen Weichselbrücke. Die Kriegsbereitschaft der Eisenbahnen wurde wesentlich erhöht durch die Ausstattung der gesamten Güterwagen mit der inneren Einrichtung für die Ausrüstung zum Militärtransport, wodurch im Mobilmachungsfall die Leerzüge schneller bereitgestellt werden konnten. Wichtiger noch war die 1899 erschienene „Militäreisenbahnordnung“, eine von Budde angeregte und großenteils entworfene Neubearbeitung der veralteten Transportordnungen. Sie war ein durch Übersichtlichkeit ausgezeichnetes, den militärischen Interessen hervorragend nützliches Werk.

Mit dem Anwachsen der Arbeiten in der Abteilung und bei den Linienkommissionen waren auch die Vorbereitungen der Bahnbevollmächtigten immer umfangreicher, die Niederlegung aller Betriebsanordnungen schon im Frieden stets schwieriger geworden. Die Art der Bearbeitung, ihr Umfang und der rechtzeitige Abschluß vor dem am 1. April beginnenden neuen Mobilmachungsjahr bedurften eingehender Prüfung. Sie erfolgte durch die aus dem Chef der Eisenbahnabteilung und einem vortragenden Rat des Reichseisenbahnamtes bestehende Kommission, die jährlich unvermutet einige Eisenbahnverwaltungen aufsuchte. Das Ergebnis konnte anfangs nicht überall befriedigend sein, doch förderten die gesammelten Erfahrungen, die allen Bahnbevollmächtigten mitgeteilt und bei Konferenzen erörtert wurden, die Kriegsbereitschaft der Eisenbahnverwaltungen.

Die außerordentliche Inanspruchnahme des Abteilungschefs durch die zahllosen Reisen, auch zu Prüfungen bei den Linienkommissionen, zu technischen und sonstigen Konferenzen hielt den Abteilungschef damals von den jährlichen großen Generalstabsreisen fern. Dadurch entgingen ihm die für die Generalstabsoffiziere wertvollsten Studien über Aufmarsch- und Operationsfragen und den anderen Teilnehmern die Gelegenheit, bei Erörterungen über die operative Ausnutzung der Eisenbahnen das sachverständige Urteil des Chefs der Eisenbahnabteilung zu hören.

Oberst Budde erhielt meist erst im Dezember Kenntnis von den für das neue Mobilmachungsjahr beabsichtigten Aufmarschänderungen. Die vom Chef des Generalstabes Graf Schlieffen persönlich auf kaum einem halben Bogen niedergeschriebenen kurzen „Direktiven für den Aufmarsch" enthielten die Stärken der Armeen und die ungefähren Versammlungsräume. Der Chef der Aufmarschsektion, dessen Stelle ich von 1896 bis 1900 inne hatte, prüfte die eisenbahntechnische Ausführbarkeit und stellte den Transportstraßenentwurf auf, was in wenigen Stunden erledigt werden konnte und mußte, da der Abteilungschef „noch heute" oder, wenn es später Nachmittag war, „morgen früh" Vortrag halten wollte. Vorschläge für Tausch von Korps zwischen den Armeen und ähnliche aus Transportrücksichten erwünschte Änderungen, sowie eine bildliche „voraussichtliche Eintreffeübersicht", aus der die Operationsbereitschaft an der Grenze zu ersehen war, wurden beigefügt. Damals lag die Ausladung der Hauptmasse der Armee im Westen mit dem rechten Flügel etwa bei Gerolstein mitten in der Eifel, der linke Flügel bei und vorwärts Straßburg. Das schwache Ostheer marschierte in Ostpreußen auf.

Wie zur Zeit, als Graf Waldersee Chef des Generalstabes war, fand auch unter Graf von Schlieffen über ein Jahrzehnt in der Eisenbahnabteilung eine mehrfache Bearbeitung des Aufmarsches statt. Im allgemeinen wurde neben dem „großen Westaufmarsch" mit Versammlung schwacher Kräfte im Osten auch ein „großer Ostaufmarsch" festgelegt. Bei diesem wurden die übrigen östlichen Korps und Reservekorps, die nicht zunächst schon in Ostpreußen blieben, dorthin hinzudisponiert, und als „zweite Staffel" weitere Korps und Reservekorps aus der Mitte des Reichs nach Osten gefahren. Das Bestreben des Abteilungschefs, auch für andere Möglichkeiten vorzusorgen, führte dann zu weiteren „Eventual-Dispositionen". Von den Bahnbevollmächtigten konnten so weitgehende Vorbereitungen nicht mehr geleistet werden; Unsicherheit und Verwechslung des Arbeitsmaterials im Mobilmachungsfall waren zu befürchten. Eine solche Sicherheit, wie sie für den einen „planmäßigen" Aufmarsch für nötig gehalten wurde, war für die anderen „Fälle" nicht gewährleistet. Der Chef der Aufmarschsektion legte seine Bedenken dar; es war auch in der Abteilung nötig, die Arbeiten einzuschränken. Die sehr wichtige Frage erhielt später eine andere Lösung. (S. 32).

Die Vorbereitung der mit dem österreichischen und italienischen Generalstab abwechselnd in Berlin, Wien und Rom neu zu vereinbarenden Transportbewegung von fünf, später drei italienischen Armeekorps und zwei Kavallerie-Divisionen auf drei Transportstraßen, die östlichste über Wien—Regensburg, nach dem Oberrhein war eine erhebliche Mehrarbeit. Dabei bildete auch die Abgabe von Lokomotiven, Eisenbahnpersonal und zahlreichen Wagen für die Transportbewegung an Österreich und Italien eine unerwünschte Belastung — ein Vorgeschmack der späteren vielfachen Anforderungen der Bundesgenossen im Weltkrieg. In der Eisenbahnabteilung sprachen die wenigen Unterrichteten damals von „wohl vergeblicher" Arbeit; die Kameraden der österreichischen Transportabteilung sagten: „Die Italiener kommen nie"; Graf Schlieffen hielt die versprochene Unterstützung für „eine Illusion". General von Moltke hielt sie damals für zweifelhaft. Als ich mich als Abteilungschef Juli 1907 zur Reise nach Rom bei ihm abmeldete, gab er mir den Auftrag: „Stellen Sie fest, ob die Italiener kommen oder nicht." Das war nicht einfach. Kurz vor dem ein Jahr zuvor verabredeten Konferenztermin war telegraphisch vom italienischen Generalstab der Vorschlag gekommen, die Konferenz in Berlin statt in Rom abzuhalten. Auf meinen Vortrag hin wurde die Antwort ausgefertigt: wenn die Konferenz nicht in Rom stattfinden könne, verzichte der deutsche Generalstab auf sie für dieses Jahr. Das Auswärtige Amt, durch welches das Telegramm zurückgehen mußte, hatte gegen den Wortlaut Bedenken; meines Wissens ist es doch so abgegangen. Jedenfalls kam sofort eine Einladung nach Rom. Dort wurden die österreichischen Generalstabsoffiziere und ich mit meinem Begleiter am Ankunftstage mit einer Empfangsfeier im Hotel durch den Chef des italienischen Generalstabes und zahlreiche Offiziere in Uniform begrüßt und am nächsten Tage zur Audienz nach dem Quirinal abgeholt. Der König unterhielt sich lange mit uns, bekundete sein Interesse und war überraschend genau über Einzelheiten der Abreden unterrichtet. Ich habe damals nicht zweifeln können, daß die italienischen Zusagen vom König selbst aufrichtig gemeint waren. Während des mehrtägigen Aufenthalts fanden Konferenzen und Ausflüge mit einer großen Zahl italienischer Offiziere statt. Man verheimlichte uns also nicht, jedoch brachte keine römische Zeitung eine Notiz. Nach Paris hatte man wohl eine beruhigende Nachricht gegeben. Nach meiner Rückkehr konnte ich nur gemäß meiner bisherigen Annahme berichten: was die italienische Regierung im Kriegsfall tut, wird von der politischen und der sich ergebenden militärischen Lage abhängen. Daß die italienischen Korps vom 6. Mobilmachungstage ab, wie in den Fahrtlisten festgelegt ist, antransportiert werden, ist wie bisher höchst unwahrscheinlich. General von Moltke schien es auch zweifelhaft zu sein; später muß er anderer Ansicht geworden sein, denn er schreibt 1915 in seinen „Erinnerungen", er sei bei Kriegsausbruch „bitter enttäuscht" gewesen; „alle Abmachungen waren so klar und bindend getroffen, daß ein Zweifel an der Bundestreue Italiens kaum entstehen konnte". Noch im Sommer 1914, nicht lange vor dem Kriege, hatte sich der Oberbefehlshaber der italienischen „Hilfsarmee", General Pollio, bei Moltke „gemeldet". War es eine absichtliche Täuschung von seiten der italienischen Regierung?

Bevor ich 1900 zum Truppengeneralstab übertrat, äußerte Oberst Budde zu mir gelegentlich einer von ihm gegenüber der Preußischen Staatseisenbahnverwaltung erfolgreich geführten Verhandlung: „Es ist gut, daß der Chef der Eisenbahnabteilung in Landesverteidigungsfragen sachlich nicht widerlegt werden kann. Das wird aber einmal anders und vieles viel schwieriger, wenn ein Abteilungschef preußischer Minister der öffentlichen Arbeiten sein wird.“ Ich bemerkte: „Das wird also sein, wenn Sie, Herr Oberst, Minister geworden sind.“ Budde lehnte nicht ab, sondern sagte: „Und dann sind Sie Chef der Eisenbahnabteilung.“ Auch die prophezeiten Schwierigkeiten sind eingetreten.

General von Budde schied 1901 aus seiner Stellung als Chef der Eisenbahnabteilung und aus dem Militärdienst. Sein Nachfolger als Abteilungschef wurde für kurze Zeit General von der Gröben.

5. Abschluß der Militäreisenbahnorganisation und Aufmarschvorbereitungen bis 1914

Im April 1903 wurde ich als Major in den Großen Generalstab zurückberufen, um an die Spitze der Eisenbahnabteilung zu treten. Am Morgen meiner Ankunft in Berlin, vor der zur Meldung beim Chef des Generalstabes geeigneten Stunde, ließ ich mir in der Eisenbahnabteilung zufällig gleich die „Transportstraßenkarte“ für den Aufmarsch und die „Eintreffeübersicht“ geben. Im allgemeinen fand ich die Lage wie drei Jahre zuvor; es fiel mir unter anderem auf, daß der rechte Heeresflügel nicht weiter nördlich lag. Seine Vormarschrichtung schien durch das nördliche Luxemburg nach dem südöstlichen Belgien beabsichtigt, eine Operationsrichtung, die nach meinem Erinnern auf der großen Generalstabsreise 1899 den Chef des Generalstabes nicht befriedigt hatte. Die Meldung beim Grafen Schlieffen wurde, für mich unerwartet, zu einem „Erlebnis“, das ich ausführlich schildere, da die überraschenden kurzen Fragen und die Art, wie er sofort das für ihn wichtigste Problem, die Gestaltung des Aufmarsches, aufgriff, besonders charakteristisch für den Grafen Schlieffen waren.

Ich hatte auf dem Wege zu meiner Meldung gedacht, Graf Schlieffen werde mich heute wohl nur fragen, wie es mir im Frontdienst gegangen sei. Doch er nahm nur nach meiner Meldung sein Glas zur Beobachtung und fragte langsam: „Wie gefällt Ihnen — unser Aufmarsch?“ Ich konnte nur meinen eben gewonnenen Eindruck wiedergeben und antwortete etwa: „Ich kann nur über die A u s l a d u n g urteilen nach der eben eingesehenen Transportstraßenkarte: schön ist er nicht!“ — „Was gefällt Ihnen nicht?“ Die Antwort lautete ungefähr: „Der rechte Flügel der Versammlung reicht anscheinend nur bis Gerolstein; er scheint nicht stark, die Ausladung liegt weit von der Grenze ab. Im Elsaß südlich Straßburg sind auffallend viel Ausladerampen beansprucht.“ Graf Schlieffen bemerkte: „Man hat mir immer gesagt, mehr wie sechs Korps könnten nicht nördlich der Mosel ausladen. Können Sie das ändern?“ Meine Ausführungen enthielten etwa folgendes: Die Zahl der Korps ließe sich verdoppeln, wenn die Eifelbahn auch durch Heranführung von Süden zur

Ausladung benützt, von der linksrheinischen Bahn von Andernach bis Mayen vorgefahren und auf Strecke Düren—Euskirchen ausgeladen würde. Ferner wäre die Strecke Düren—Aachen zur Entladung heranzuziehen, und die Ausladung von Gerolstein und von Aachen unmittelbar an die Grenze vorzuverlegen. Die Bahn Aachen—St. Vith—Lommersweiler sei für ganze Militärzüge auszugestalten, dann mit zweitem Gleis zu versehen, die Fahrpläne seien zu verdichten. Diese vermehrte Ausladung sei von Beginn des nächsten Mobilmachungsjahres ab wohl durchführbar. Hinter den fechtenden Truppen und Gefechtsstaffeln der am schnellsten heranzuführenden Korps wären rechtzeitig genug weitere als zweite Staffel vorzuführen. Zu noch weiterer Verstärkung des rechten Flügels müsse die Ausladung nach Norden ausgedehnt werden in den Raum Köln—Aachen—Neuß mit Versammlung nach Süden durch zwei- bis dreitägigen Fußmarsch. Zur Vorführung von noch zwei Korps zur belgischen Grenze und zum gesicherten Aufmarsch so starker Kräfte sei der Bau einer neuen leistungsfähigen Transportstraße quer durch die Eifel, etwa gleichlaufend zur Moselbahn, erforderlich, wahrscheinlich durch Ausgestaltung der Ahrtalbahn mit Vorführung über Gerolstein. Sie würde Jahre beanspruchen und eine neue Rheinbrücke notwendig machen. Graf Schlieffen nahm den Vortrag, für den er keiner Karte bedurfte, ohne jede Bemerkung entgegen. Dann fragte er: „Ich sehe jeden Winter Nacht für Nacht bis gegen Morgen die Fenster der Abteilung (über den Hof gegenüber seiner Wohnung) erleuchtet. Können Sie das ändern?" Damit bot sich die willkommene Gelegenheit, sogleich vielseitige dringende Wünsche vorzubringen: Vermehrung der Linienkommissionen bis zur Zahl der Eisenbahndirektionen, entsprechend größere Zahl der Linienbearbeiter und der über Winter kommandierten Leutnants anderer Abteilungen; Ersatz der aus dem Frontdienst vom Militärkabinett zugewiesenen Offiziere durch frische, geistig und körperlich voll geeignete Persönlichkeiten, die jährlich zahlreich verfügbar waren durch die zum Generalstab qualifizierten Offiziere, die wegen Mangels von Etatsstellen nicht in den Generalstab übernommen werden konnten, und von denen viele schon in der Abteilung vorgebildet waren. Den Offizieren der Abteilung mußte aber bevorzugte Beförderung zuteil werden, und die militärische Laufbahn der Stabsoffiziere durfte in der Abteilung nicht wie bisher bei den Majoren abschließen, sondern sie mußten mit der Anwartschaft auf den „Regimentskommandeur" in die Front zurücktreten oder diesen Rang in der Abteilung erreichen können. Sein Einverständnis bestätigte Graf Schlieffen nur durch die Zusage: „Sie sollen keinen Offizier mehr erhalten, den Sie nicht selbst vorgeschlagen haben." Auch die Bitte, die „Aufmarschdirektiven" jährlich schon Mitte November herauszugeben, wodurch kostbare Arbeitszeit in der Abteilung gewonnen wurde, lehnte er nicht ab. Auf seine Frage endlich: „Haben Sie noch einen Wunsch?" bat ich, zu den großen Generalstabsreisen wie früher nun auch als Abteilungschef befohlen zu werden. Graf Schlieffen entließ mich mit den Worten: „Sie haben mir sehr viel versprochen." Er selbst hatte aber einem wichtigen Fortschritt für das Militäreisenbahnwesen den Weg geebnet, und der Abteilungschef hatte wertvolle Richtlinien für sein Wirken gewonnen.

Dem Bilde, das General d. Inf. Frhr. von Freytag-Loringhoven von dem von allen Generalstabsoffizieren hochverehrten und bewunderten Chef gezeichnet hat, möchte ich noch einige persönliche Erinnerungen anfügen. Wenn bei seinen plötzlichen, manchmal nicht einfachen Zwischenfragen während des Vortrags einmal keine Auskunft gegeben werden konnte, pflegte Graf Schlieffen trocken zu bemerken: „Ich dachte — das wüßten Sie", und es blieb ein peinliches Erinnern. Ein peinliches Erlebnis war auch mir bald beschieden. Zu einem der nächsten Vorträge gerufen, wurden mir noch schnell vom Chef der „Auslandsektion" Notizen mit Karten über französischen Bahnausbau in die Hand gedrückt: es würde Exzellenz interessieren, daß zwischen zwei Orten im östlichen Frankreich dritte und vierte Gleise fertiggestellt seien, wodurch statt der gemeinsamen Strecke nun zwei Aufmarschlinien unabhängig voneinander bis zur Grenze führten. Ich erwähnte die Sache, da mir keine Bedenken kamen, nach meinem Vortrage. Ein sarkastischer Gesichtszug des Grafen Schlieffen hatte mich beunruhigt; die Prüfung der Karte ergab, daß viergleisiger Ausbau auf so langer Strecke unmöglich stimmen konnte. Der herangeholte junge Generalstabsoffizier hatte sich in den Ortsnamen geirrt; aber der Abteilungschef hatte sich „blamiert", — nach Graf Schlieffens Ausspruch „das Schlimmste, was einem Generalstabsoffizier passieren kann". Am Schluß des nächsten Vortrags meldete ich, daß ich etwas Unrichtiges vorgetragen habe, mir sei ein bedauerlicher Irrtum unterlaufen. Graf Schlieffen verbarg nicht sein großes Vergnügen und sagte: „Ich habe Ihnen auch nicht geglaubt!" Die Blamage war nun noch größer, die Lage mußte gerettet werden. Ich fragte: „Darf ich Eurer Exzellenz eine Bitte vortragen?" „Bitten Sie!" „Ich bitte ganz gehorsamst, daß, wenn Eure Exzellenz mir das nächste Mal etwas nicht glauben, Exzellenz mir das sagen." Graf Schlieffen war sichtlich überrascht; dann sagte er ernst und außerordentlich freundlich: „Ich verspreche es Ihnen." Er hat es mir dann in fast drei Jahren nie gesagt, so daß er sicher dem Abteilungschef später geglaubt hat.

Eine öftere Warnung vor dem Blamieren schien Graf Schlieffen für nützlich zu halten. Sehr viel früher, am Tage vor Beginn der Kaisermanöver an der Weser, erteilte er in Berlin drei jungen Generalstabsoffizieren, darunter mir, den Befehl, am nächsten Abend 8 Uhr von je einer Pontonbrückenstelle dort ankommende Infanterie-Divisionen durch ausgedehnte Waldungen bis zum anbrechenden Morgen an deren Westgrenze zu führen, wo sie unter den Befehl des Führers der blauen Partei, Seiner Majestät des Kaisers, treten sollten. Die gewundenen, sich vielfach verzweigenden Waldwege waren in einer Karte gekennzeichnet. Graf Schlieffen fügte dem kurzen Befehl hinzu: „Wenn es Ihnen nicht glückt, haben Sie sich für Ihr ganzes Leben blamiert.“ Den nächsten Abend lag der schweigende Wald im tiefsten Dunkel, telegraphisch von mir beim Landrat vorausbestellte Führer waren an der Brückenstelle nicht zu finden — mit mir zu Pferde saß als Gespenst die grauenhafte Warnung des Generalstabschefs. — Als ich mich ein paar Jahr später zu einer ausgedehnten Reise zum Studium der Betriebsverhältnisse der russischen Eisenbahnen bei ihm abmeldete, sagte er: „Wenn man Ihnen auf dem Rückwege in Warschau den Koffer öffnet“, dies war kurz vorher einem unberechtigt der Spionage verdächtigten Generalstabsoffizier beim dortigen Gouvernement begegnet, „haben Sie sich für Ihre ganze Dienstzeit blamiert.“ Die zeitliche Einschränkung gegenüber der obigen Warnung war immerhin beruhigend.

Die Tätigkeit bei den Militäreisenbahnbehörden diente im nächsten Zeitabschnitt unablässig den Zielen: Kriegsbereitschaft und Leistungsfähigkeit der Eisenbahnen weiter zu steigern, die Grundlagen für die veränderten Operationsabsichten des Chefs des Generalstabes zu schaffen und für sie die Vorteile einer dem Feind überlegenen, schnelleren Operationsbereitschaft zu gewinnen. Ferner mußte erreicht werden, Abänderungen der planmäßigen Dispositionen noch bei Kriegsausbruch vornehmen zu können; dies diente zugleich dem Zweck, etwaige Störungen des planmäßigen Aufmarsches reibungslos überwinden zu können.

Der strategische Ausbau der Eisenbahnen, für den die dringendsten Bedürfnisse nun im linksrheinischen Kölner Bezirk lagen, und der Abschluß der Militäreisenbahnorganisation waren von der Bewilligung der Kosten durch den Heeresetat abhängig. Im übrigen war am dringendsten die abermalige Umarbeitung der Militärfahrpläne, wiederum für das ganze Eisenbahnnetz, mit einer Erhöhung der täglichen Zugzahl von 48 auf 72 Züge jeder Richtung bei zweigleisigen und von 24 auf 36 Züge jeder Richtung bei eingleisigen Strecken. Als die riesige Arbeit rechtzeitig für die neuen Mobilmachungsarbeiten abgeschlossen war, konnte aus französischen Militärfahrplänen die gleiche Zugfolge von 20 bzw. 40 Minuten ersehen werden.

Die Berechnungen ergaben für die Franzosen einen Vorsprung in der Operationsbereitschaft um etwa 2 Tage, wodurch sie die deutsche Offensive durch Belgien frühzeitig durch Vorgehen in die Flanke des rechten deutschen Flügels stören konnten. Bei der Mobilmachung hatten sie den Vorteil, die Kriegsformationen aus engeren Korpsbezirken ergänzen zu können, wobei ihre höheren Friedensetats geringere Transportbewegung erforderten. Beim Aufmarsch hatten sie kürzere und zahlreichere Transportstraßen, die ihnen im allgemeinen gestatteten, auf jede Linie nur ein Korps anzuweisen. Demgegenüber erforderten die ungleiche Bevölkerungsdichtigkeit in Deutschland und die längeren Fahrtwege, besonders aber die Ergänzung der Garde-Kriegsformationen aus allen Teilen des Reiches, eine viel umfangreichere und schwierigere Transportbewegung bei der Mobilmachung. Beim

Aufmarsch standen nur für je zwei Korps eine Transportstraße zur Verfügung. Der Nachteil bei der Mobilmachung wurde fortan etwas verringert durch noch frühzeitigeren Beginn der Ersatztransporte zu den Mobilmachungsorten. Eine durchgreifende Beschleunigung konnte aber nur durch Verringerung der Gardeersatztransporte erzielt werden. Der Chef der Eisenbahnabteilung schlug daher vor, das Gardekorps im Kriegsfall nur aus den nächsten Korpsbezirken zu ergänzen, wozu die Gardereserve- und Gardelandwehrformationen eingeschränkt und dem Gardekorps künftig auch andere Ersatzmannschaften hätten zugeführt werden müssen. Wenn dem auch nicht in vollem Umfange zugestimmt wurde, konnte doch erreicht werden, daß den neun Grenzkorps im Kriegsfall die Gardeersatzmannschaften bis auf den jüngsten Jahrgang belassen wurden. So wurde die Transportbewegung erheblich vermindert, und die Grenzkorps hatten den Vorteil, schneller und mit besserem Ersatz aufgefüllt zu werden. Immerhin mußten 1914 dem Gardekorps, hauptsächlich aus Westfalen, noch etwa 68 000 Ergänzungsmannschaften zugeführt werden. Auch für den Aufmarsch war ein schnellerer Ablauf zu ermöglichen; die dringlichsten Transporte wurden schon vom ersten Mobilmachungstage ab, die geschlossene Aufmarschbewegung bereits am fünften Mobilmachungstage begonnen. Die Verdichtung der Fahrpläne gestattete, die späteren Mobilmachungstransporte ohne Störung der nun enger zusammengedrängten Aufmarschbewegung durchzuführen. Zur Erleichterung des Betriebes trat der Militärfahrplan noch 24 Stunden früher wie bisher in Geltung. Der Vorsprung der Franzosen wurde, soviel beurteilt werden konnte, in den nächsten Jahren mindestens eingeholt, wozu auch der strategische Ausbau beitrug.

Gegenüber Rußland konnte der Vorteil früherer Operationsbereitschaft aufrecht erhalten werden trotz der mit französischen Geldmitteln dort erreichten erhöhten Kriegsbereitschaft. Als ich 1899 das westliche Rußland zum Studium des Eisenbahnbetriebes bereist hatte, bildete ich mir das Urteil, daß man dort wohl um ein Jahrzehnt hinter dem deutschen Betrieb und seinen Einrichtungen zurückstand. Spätere Fortschritte betrafen vornehmlich die großen, durchgehenden Linien.

Eine vollständige mehrfache Aufmarschbearbeitung für verschiedene Operationspläne, über die erst bei Kriegsausbruch zu entscheiden sein würde, war, wie (S. 25) ausgeführt worden ist, nicht möglich, weil auch bei den Eisenbahnverwaltungen die genauen Betriebsanordnungen und alle sonstigen Vorbereitungen schon im Frieden rechtzeitig niedergelegt sein mußten. Hierauf konnte nicht verzichtet werden, wenn die mit äußerster Beschleunigung durchzuführende gewaltige Transportbewegung des Millionenheeres tatsächlich gesichert sein sollte. Andererseits war der Zwang, auf einen bestimmten Plan unter allen Umständen starr festgelegt zu sein, im Zweifrontenkrieg für die Heeresleitung nicht annehmbar. Plötzlich eintretende politische Spannungen, vielleicht gerade der Kriegsausbruch selbst, konnten einen unerwarteten Wechsel der politischen

Lage bringen, der gebieterisch die Änderung der von der Heeresleitung vorgesehenen Maßnahmen forderte. Nicht alle Verhältnisse waren vorher zu übersehen, und auch Bündnisse und militärische Abmachungen der Staaten boten keine Gewähr gegen veränderte Einstellung bei Kriegsausbruch.

Der Chef der Eisenbahnabteilung hatte daher die Aufgabe zu lösen, einerseits den Eisenbahn-Aufmarsch unbedingt sicherzustellen, andererseits seine Starrheit zu beseitigen oder wenigstens möglichst zu mildern. Dies war nur dadurch zu erreichen, daß der Chef des Generalstabes sich wie bisher alljährlich für einen bestimmten, den wahrscheinlichsten Operationsplan klar entschied, auf Grund dessen dann der „planmäßige" Eisenbahnaufmarsch vollständig und peinlich genau bearbeitet niedergelegt wurde. Er hatte aber im Generalstab nicht als unabänderlich zu gelten, sondern Änderungen mußten, wenn unbedingt zwingende Gründe es erforderten, eintreten können. Über den Umfang dieser Abweichungen mußte der Chef der Eisenbahnabteilung in erster Linie vom technischen Standpunkt entscheiden. Ihre Durchführung mußte dann seitens der Militäreisenbahnbehörden und Eisenbahnverwaltungen aus dem Stegreif geleistet werden. Was von der Eisenbahn- und der Operationsabteilung nach dieser Richtung schon im Frieden vorzubereiten war, blieb verantwortliche Aufgabe der Abteilungschefs.

Für die Eisenbahnabteilung war von wesentlicher Bedeutung, daß zweifellos immer ein erheblicher Teil der Aufmarschvorbereitungen planmäßig bestehen bleiben konnte; und bei den Abänderungen handelte es sich stets nur um eine begrenzte Zahl bestimmter, im ganzen einfacher Aufgaben. Das äußerst sinnreiche, übersichtliche Arbeitsmaterial, die Regelmäßigkeit der Zugverbindungen mit stets für die einzelnen Heeresverbände in gleichem Abstand folgenden Zügen und vor allem die damalige planmäßige Ausnutzung jeder Transportstraße für den Aufmarsch mit im allgemeinen nur ⅔ der im Fahrplan verfügbaren Züge erleichterten die schnelle und sichere Bearbeitung aller Änderungen. Schwierigkeiten bestanden nur für die zwischen den geschlossenen Heeresverbänden fahrenden besonderen Formationen, deren Transportänderungen umständlichere Anordnungen erforderten.

Diese erst im Kriegsfall improvisierten Änderungen konnten nur dann gelingen, wenn die Linienkommissionen und Bahnbevollmächtigten mit den Aufgaben schon im Frieden vertraut gemacht und so sicher eingeübt wurden, daß weitgehende veränderte Dispositionen der Transportbewegung eine gewohnte, schnell und fehlerlos zu leistende Arbeit wurden. Praktische Übungen brachten daneben die Kaisermanöver, bei denen es oft galt, schwierigere Verhältnisse zu überwinden, als im Kriege zu erwarten war, weil häufig Abänderungen des Abtransportes erst in den letzten Stunden befohlen wurden und daneben der Friedensverkehr aufrecht zu erhalten war.

Die Schulung der Linienkommissionen erfolgte von 1903 ab die ganzen folgenden Jahre, nur unterbrochen in den Wintermonaten, die durch die

Kriegsvorbereitungen des nächsten Mobilmachungsjahres voll beansprucht wurden. Unter dem Kennwort „Kriegsspiel" erhielten die abwechselnd in größerer Zahl beteiligten Linienkommissionen kurze telegraphische Mitteilungen über die verschiedensten Änderungen der planmäßigen Aufmarschdisposition oder über folgenschwere Transportstörungen. Die Aufgaben waren sofort zu bearbeiten ohne Rücksicht auf Tag- oder Nachtzeit, mit allen Anweisungen an die Bahnbevollmächtigten und Druck neuer Fahrtlisten. Telegraphischer Verkehr mit Nachbargebieten und etwaige Rückfragen an die Eisenbahnabteilung waren wie im Kriege aufzunehmen. Das Arbeitsmaterial war umgehend, manchmal nach Stunden, meist durch Zugführer von Schnellzügen, nach Berlin zu senden. Gleich die ersten Kriegsspiele glückten über alles Erwarten; die Aufgaben konnten gar nicht schwer genug gestellt werden. Die hohe Bedeutung dieser Ausbildung fand bei den technischen Mitgliedern und den Bahnbevollmächtigten vollstes Verständnis und bereitwillige Mitarbeit. Es war kein Zweifel, daß die Militäreisenbahnbehörden und die Bahnbevollmächtigten diesen Aufgaben im Kriegsfall voll gewachsen sein und daß auch die Eisenbahnen, die im Frieden so hervorragende Betriebsleistungen aufwiesen, bei diesen Anforderungen im Kriege nicht versagen würden.

Eine mehrfache Bearbeitung des Aufmarsches für „verschiedene Fälle" fand von nun ab nicht mehr statt. Der planmäßige Aufmarsch veränderte sich auch nur nach der Richtung immer größerer Verstärkung des rechten Heeresflügels. Anscheinend standen die Operationsabsichten des Grafen Schlieffen unerschütterlich fest. Über die Möglichkeit etwaiger Änderungen erst im Kriegsfall und über die dazu stattfindenden Übungen der Linienkommissionen durch Kriegsspiele war er durch meinen Vortrag unterrichtet.

Als ich das erste Mal zu dem vom Grafen Schlieffen bewilligten früheren Zeitpunkt, es war etwa am 20. November, um die „Direktiven für den Aufmarsch" bat, sah er mich fragend an. Ich gestattete mir zu bemerken, daß es Mitte November sei. Da sagte er: „Sie sind ja so stürmisch!" Dann entnahm er das Blatt dem Schubfach: „Ich halte Wort, es w a r schon der 15."

Ich hatte 1901 dem Grafen Schlieffen die Bitte ausgesprochen, unter den drei Abteilungschefs des Generalstabes zu sein, die die große Flottenübungsreise der aktiven Schlachtflotte mitmachen sollten. Er fragte: „Was wollen Sie denn da, da sind ja gar keine Eisenbahnen?" Die Eisenbahnabteilung war diejenige Stelle des Generalstabes, die durch die Mobilmachungstransportbearbeitung in engem Dienstverkehr mit der Marine stand. Die Reise, zu der ich auf Vorschlag des Generalstabschefs durch Allerhöchste Kabinettsordre an Bord des Linienschiffs „Wettin" kommandiert wurde, führte die Flotte auf eine unmittelbar vorher bei der „Kieler Woche" ergangene Einladung des Königs Eduard VII. nach England. Bei der Einfahrt in den Kriegshafen von Plymouth beobachteten viele Tausende rings um das gewaltige Wasserbecken die tadellose Einfahrt und das schnurgerade Festmachen der Schlachtflotte an den Bojen. Zwei Tage lang säumten große Menschenmengen die Ufer, wie es schien mit dem größten Interesse die Schiffe zählend. Die eingeladenen deutschen Offiziere wurden in der Messe des Marine-Infanterie-Regiments und bei einem Gartenfest des Gouverneurs in gastlichster Weise aufgenommen. Bei den Flottenmanövern in der Nordsee und einem großen Torpedoangriff in der Ostsee auf die in tiefdunkler Nacht mit abgeblendeten Lichtern in Kiellinie aufgeschlossen fahrende Schlachtflotte hatte ich einen außerordentlichen Eindruck von dem tadellosen Gefechtsexerzieren sowie auch von einem freien Manöver der Flotte und ihren vorzüglichen Schießleistungen. Zwischendurch war für einige Tage bei den Shetland-Inseln im Kriegshafen Lerwick Anker geworfen worden; von da fuhr die Flotte nach Norwegen, um in den Moldefjord einzulaufen. Dort erwartete überraschend Seine Majestät die Flotte. Als am nächsten Tage die Generalstabsoffiziere zur Tafel auf die „Hohenzollern" befohlen waren, unterrichtete Seine Majestät uns in der aus den Kaisermanöverkritiken bekannten klaren, interessanten Weise über die Operationen auf dem mandschurischen Kriegsschauplatz. Es kam zur Sprache, daß die Russen gezwungen waren, immer mehr Streitkräfte nach Ostasien zu werfen und dazu auch schon Truppenteile der an unserer Ostgrenze belassenen Korps einzusetzen. Ein Zuhörer bemerkte in einer Pause, daß für einen Zweifrontenkrieg jetzt für uns die Lage besonders günstig sei. Der Kaiser sah ihn ernst an und sagte: „Ja, aber es wäre eine Gemeinheit!" Als ich mich später bei Graf Schlieffen zurückmeldete, fragte er, ob ich mich bei der Wasserreise erholt habe? Ich sagte: „Drei Tage auf hoher See erfrischen mehr wie ein paar Wochen Landurlaub." Darauf Graf Schlieffen: „Dann gehen Sie künftig im Sommer drei Tage auf die hohe See!" Für sich selbst kannte er nie eine Erholungszeit.

So sehr Graf Schlieffen im Generalstab durch seine Geistesgaben, seine vorbildliche Erziehung und Fortbildung der Offiziere und seine uneingeschränkte Autorität in kriegswissenschaftlichen Fragen eine überragende Stellung einnahm, so sehr trat er in der sonstigen Öffentlichkeit zurück. Ein Beweis, wie wenig seine geistige Bedeutung in der Berliner „großen Welt" geahnt wurde, ist folgendes Erlebnis: Bei der Enthüllung des herrlichen Marmorstandbildes des Feldmarschalls Graf von Moltke auf dem Königsplatz hielt Graf Schlieffen eine seiner klassisch schönen, formvollendeten, tiefdurchdachten Reden, die die Zuhörer sichtlich ergriff. Auch einem neben mir stehenden Staatssekretär schien sie gefallen zu haben, denn anscheinend überrascht wandte er sich zu mir: „Sagen Sie mal, wer hat Schlieffen diese Rede gemacht?"

Bei den im Winter und Frühjahr in Berlin stattfindenden Konferenzen zur Regelung und zum Abschluß der Mobilmachungsvorbereitungen erschien der Chef des Generalstabes regelmäßig und sehr gern zu dem am Schluß stattfindenden geselligen Beisammensein. Seine persönliche Fühlungnahme mit den höheren Eisenbahnbeamten, den Truppengeneralstabs-

und Admiralstabs-Offizieren und Linienkommissaren gaben diesen Stunden ein besonderes Gepräge. Der gewissenhafte Vertreter des Reichseisenbahnamtes glaubte bei dieser Gelegenheit dem Chef des Generalstabes seine steigenden Sorgen um eine Überspannung der Anforderungen an die Eisenbahnen im Kriegsfall vortragen zu sollen. Graf Schlieffen hat zu mir nicht darüber gesprochen. Nur einmal stellte er, als ihm die wieder eine schnellere Bereitschaft zeigende „Eintreffeübersicht" vorgelegt wurde, eine Frage, die wohl ein Bedenken ausdrücken sollte: „Und wenn Ihnen nun eine Rheinbrücke zerstört wird?" Ich antwortete, daß die Bewegungen des Aufmarsches vorübergehend gestört, der planmäßige Ablauf aber nicht verzögert werden würde. Zu genauerer Auskunft müßte mir die Rheinbrücke, Mobilmachungstag und Stunde bekannt sein. Graf Schlieffen nannte die „schöne Düsseldorfer Brücke" mit Tag und Stunde mitten im Aufmarsch. Ich fragte, ob noch eine zweite zerstört sei. Er bezeichnete eine am Mittelrhein zu gleicher Stunde. Ich fragte, ob auch eine am Oberrhein betroffen sei. Er sagte: „Nun lassen Sie es genug sein," rief mir dann aber nach: „Bestimmen Sie eine dritte selbst." Ich stellte nach kurzer Prüfung fest*), daß die die drei Brücken benutzenden Korps ohne Schwierigkeit über Nachbarbrücken abzulenken waren, da überall 1/3 der Streckenleistung bei der planmäßigen Disposition frei geblieben war. Das zunächst unvermeidliche Auflaufen einer Anzahl Züge konnte durch die sofort eingreifenden Linienkommandanturen in der täglich ganz von Zügen freien Zeit von vier Stunden allmählich ausgeglichen werden. Ich ordnete zur eingehenden Untersuchung und Schulung der Linienkommissionen sogleich ein Kriegsspiel auf der Grundlage der angenommenen Störungen an, dessen Ergebnis die von mir dem Grafen Schlieffen gemachte Meldung bestätigte. Die Gestaltung der zahlreichen Eisenbahnlinien am Rhein und im Grenzgebiet gaben der Aufmarschbewegung eine große Biegsamkeit für weitgehende Umlenkungen.

Graf Schlieffen hat meines Wissens von je volles Zutrauen zu den Vorbereitungen der Militäreisenbahnbehörden und zu den Leistungen der Eisenbahnen gehabt; er wurde darin auch bestärkt durch den jährlich glatt verlaufenden umfangreichen Abtransport aus dem Kaisermanöver. Er erwartete übrigens auch jährlich Vortrag über die in Frankreich aus den großen Manövern stattfindenden Truppenabtransporte, von denen die französische Presse unverhältnismäßig viel Aufhebens machte.

Anders wie damals Graf Schlieffen stand später General von Moltke als Chef des Generalstabes den Kriegsvorbereitungen der Militäreisenbahnbehörden gegenüber. Mit größter Gewissenhaftigkeit hatte er, viel zu weitgehend, in das ihm fremde Gebiet des Militäreisenbahnwesens einzudringen gesucht, als er 1904/06 zur Dienstleistung zum Chef des Generalstabes der Armee kommandiert war. Aber wenn er auch in seinen „Er-

*) Das Arbeitsmaterial gestattete zu jeder Stunde einen Überblick über die gesamte planmäßige Transportbewegung.

innerungen“ die Leistungen der Eisenbahnabteilung nach dem Kaisermanöver 1908 bei Metz als „vorzüglich“ bezeichnete, hat er damals zum Aufmarschverlauf wohl kein rechtes Zutrauen gewinnen können. Anfänglich fragte er mal: „Ja, glauben Sie denn, daß das wirklich alles zur Ausführung kommen kann?“ und viel später: „Ja, können Sie sich überhaupt vorstellen, daß das klappen wird?“ Es war eine eigene Fügung, daß General von Moltke in ernster Stunde, bei Kriegsausbruch, vor eine entscheidende Frage bezüglich einer Aufmarschänderung gestellt wurde.

Für die Weiterentwicklung des Militäreisenbahnwesens war bedeutungsvoll, daß nun die Organisation endgültig abgeschlossen werden konnte und die Personalfrage gelöst wurde. Die Linienkommissionen erhielten schon im Frieden die bisher nur für den Krieg geltende Benennung: „Linienkommandanturen“. Nachdem durch den Heeresetat fünf neue hinzugekommen waren, befand sich nun bei jeder preußischen Eisenbahndirektion (außer in Kattowitz, wo sie entbehrlich war) eine Linienkommandantur. Die bayerischen Staatseisenbahnen waren wegen ihres Umfanges in ein nördliches und südliches Gebiet mit je einer Kommandantur eingeteilt, die Gesamtzahl betrug nun 26.

Die Rangliste brachte dann zum ersten Male ein neues „Offizierkorps der Eisenbahnabteilung des Großen Generalstabes“ mit Oberstleutnants in Regimentskommandeurstellungen, sowohl bei der Abteilung wie unter den Linienkommandanten. Auch die bevorzugte Beförderung der jüngeren Offiziere war nunmehr sichergestellt.

Der strategische Eisenbahnausbau betraf hauptsächlich das Eifelgebiet und eine Weichselbrücke. Mit der späteren Vollendung der Eifelquerbahn wurde eine für die Versammlung des starken rechten Heeresflügels unentbehrliche neue Auslauflinie im Grenzgebiet geschaffen, die allen Anforderungen entsprach, und auch großen wirtschaftlichen Nutzen für die Erschließung des Landes hatte. Die Zufuhrlinie überschritt den Rhein auf einer neuen Brücke bei Cöln, von wo die Linie rheinaufwärts und durch das Ahrtal nach Gerolstein führte und dann in doppelter Verzweigung zu der nun zweigleisigen Hohe-Vennbahn. Bei Ausbruch des Weltkrieges wurden von Gegend nördlich Aachen bis Trier vier Armeen mit 20 Armee- und Reservekorps und fünf Kavallerie-Divisionen versammelt.

Durch zufällige Umstände konnte über die bewilligten Jahressummen hinaus eine Forderung durchgesetzt werden, die für die „dritte Front“ sehr bedeutungsvoll war, aber bisher immer hatte zurückgestellt werden müssen. Zur Zeit wachsender Spannung zwischen Deutschland und England infolge des deutschen Flottenausbaues war in der deutschen Presse große Erregung entstanden durch die aus englischen Blättern kommende Nachricht, daß die englische Flotte bei ihren Nordseemanövern eine Landungsübung an der dänischen Westküste bei Esbjerg beabsichtigte, dem durch die Insel Fanö geschützten Hafen, nur einen Tagesmarsch von der deutschen Grenze. Noch an demselben Tage legte der Chef der Eisenbahnabteilung, nachdem er die

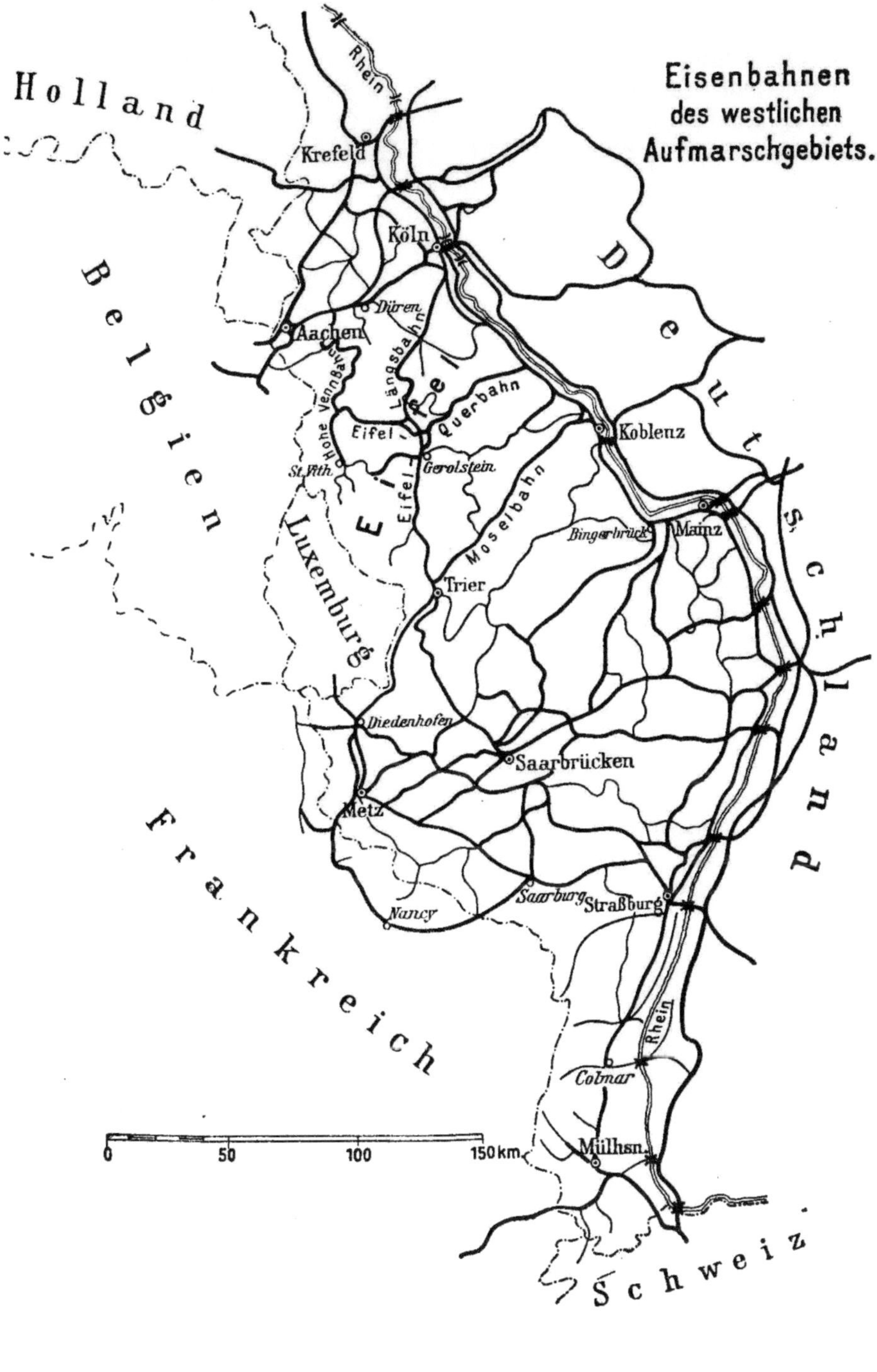

Eisenbahnen
des westlichen
Aufmarschgebiets.
Holland
Belgien
Luxemburg
Frankreich
Deutschland
Schweiz
Rhein
Krefeld
Köln
Düren
Aachen
Hohe Venn Bahn
Längsbahn
Eifel
Querbahn
St. Vith
Gerolstein
Moselbahn
Koblenz
Bingerbrück
Mainz
Trier
Diedenhofen
Saarbrücken
Metz
Nancy
Saarburg
Straßburg
Colmar
Mülhsn.
0
50
100
150 km

Zustimmung der preußischen Regierung zum Kostenbeitrag erlangt hatte, eine außeretatsmäßige Nachtragsforderung zum Heeresetat vor zum Ausbau der schleswig-holsteinschen Bahnen. Ehe einige Tage später von englischer Seite die Nachricht dementiert wurde, hatte der Reichstag unter dem Eindruck des drohenden Ereignisses die leistungsfähige Ausgestaltung des Bahnnetzes bewilligt. Mit 300 km zweitem Gleise auf der westlichen und mittleren und Streckenverbesserung auf der östlichen Linie waren nun drei leistungsfähige Linien zur dänischen Grenze vorhanden, die schnellstens starke Truppen aus allen Teilen des Reichs dorthin führen konnten. Der Ausbau war von erheblicher wirtschaftlicher und auch politischer Bedeutung und diente zugleich dem hochwichtigen Schutz des für Großkampfschiffe ausgebauten Kaiser-Wilhelm-Kanals.

Die 1905 im Preußischen Ministerium der öffentlichen Arbeiten vorbereitete Neuausgabe der „Betriebsordnung für die Eisenbahnen Deutschlands" und der „Bahnordnung für die Nebenbahnen" war auch für die Landesverteidigung äußerst wichtig, weil hier wiederum die beim Neu- und Umbau von Eisenbahnen und beim Betrieb zu erfüllenden militärischen Erfordernisse gesetzlich niederzulegen waren. Da die selbstverständlich gebotene Hinzuziehung des Vertreters der Militärverwaltung ausblieb, wurde das Ministerium um Übersendung des angeblich schon fertiggestellten Entwurfs ersucht. Er kam als fertiger „Korrekturabzug", der binnen wenigen Tagen zurückgereicht werden müsse, um die Herausgabe nicht zu verzögern. Dieser Behandlung der Angelegenheit und der Ausschaltung der übrigen Militäreisenbahnbehörden konnte nicht zugestimmt werden; vor allem aber war inhaltlich Verwahrung dagegen einzulegen, daß die Berücksichtigung militärischer Erfordernisse allein auf die Hauptbahnen beschränkt war. Es mußte deshalb die Ausdehnung der fraglichen Bestimmungen auf die Nebenbahnen (S. 19) gefordert werden, um sie bei den militärisch wichtigen Linien je nach Bedürfnis zur Geltung bringen zu können. Einige Tage später wurde ich zum Vortrag befohlen. Graf Schlieffen blickte in einen ihm persönlich zugegangenen Brief und sagte: „Also, Sie verlangen gänzlich Unmögliches. Sie erkennen nicht die Bedürfnisse der Eisenbahnen. Sie unterbinden ihre Entwicklung. Vor diesem Wege kann nur dringend gewarnt werden." Und dann zu mir gewandt mit sarkastischem Ausdruck: „Das alles schreibt Ihnen Ihr alter Abteilungschef, der Minister Budde, hier ins Zeugnis!" Ich entgegnete, daß ich auf dem rechten Wege sei; ein Nachgeben würde zu einer Verschlechterung des jetzigen, bisher erfolgreich verteidigten Zustandes führen. Gegenüber seinem Vorschlag: „Wollen Sie nicht einfach mit Ihrem alten Abteilungschef persönlich verhandeln?" mußte ich bitten, daß zunächst dem Minister eine Antwort zuginge, die militärischen Forderungen hätten die Ansichten des Chefs des Generalstabes und des Kriegsministers zum Ausdruck gebracht. Daraufhin kam von seiten des Ministers der Wunsch persönlicher Aussprache mit dem Abteilungschef. Budde empfing mich: „Aber mein Lieber, das ist doch ganz unmöglich. Bitte setzen Sie sich." Ich sagte: „Herr Minister, ich habe für die Richtigkeit meiner Auffassung und meine Überzeugung, auf dem rechten Weg zu sein, eine Autorität, die mir, Eure Exzellenz werden verzeihen, mehr gilt als der Minister der öffentlichen Arbeiten." „Wer ist denn das?" fragte innerlich ablehnend und doch interessiert der Minister. „Das ist mein alter Abteilungschef, der Oberst von Budde." „Ach, das war ein — —" (das Wort war beleidigend), fuhr Budde in seiner impulsiven Art lachend heraus. „Ach bitte, meine Herrn, wollen Sie uns allein lassen." Höchst befremdet entfernten sich die beiden vortragenden Räte. Die Stimmung für schnelle Einigung war gegeben, Budde sagte die Übersendung eines neuen Vorschlages zu. Die Vorschrift erhielt nun an den fraglichen Stellen den Zusatz: „Inwieweit die (für Hauptbahnen gegebenen) Vorschriften im Interesse der Landesverteidigung auch auf Nebenbahnen auszudehnen sind, bestimmt das Reichseisenbahnamt im Benehmen mit der Militärverwaltung." Da ersteres das militärische Interesse zu wahren hatte, und ohne letztere keine Entscheidung hierbei treffen konnte, war allen militärischen Anforderungen genügt. Niemals ist die Entwicklung der Nebenbahnen beeinträchtigt worden; im Einzelfalle hätte übrigens zum Ausgleich der Interessen ein Zuschuß aus Reichskosten eintreten können. Daß Minister von Budde, wie auch sonst, das militärische Interesse beim Ausbau der Nebenbahnen ebenfalls berücksichtigt hätte, soweit er es vom Ressortstandpunkt aus verantworten konnte, war nicht zweifelhaft; aber die Sorge für die Zukunft gebot die gesetzliche Festlegung der Bestimmungen.

Am 1. Januar 1906 wurde General der Infanterie von Moltke zum Chef des Generalstabes der Armee ernannt. In der Aufmarschbearbeitung trat in den nächsten Jahren keine Änderung ein. In dieser Zeit kam die außerordentlich wichtige Frage zur Entscheidung, welche Stellung die Militärverwaltung im Interesse der Landesverteidigung gegenüber elektrischer Zugförderung auf deutschen Hauptbahnen einzunehmen habe. Die Vereinbarung, die damals bei dem Widerstreit der militärischen Interessen und der wirtschaftlichen Belange der Preußischen Staatseisenbahn-Verwaltung getroffen wurde, hatte zur Folge, daß diese Angelegenheit für die Militäreisenbahnbehörden und ihre Kriegsvorbereitungen bis 1914 praktisch ausgeschieden ist. Demungeachtet erscheint es wichtig, diese Frage, die auch ferner von schwerwiegender Bedeutung für die Landesverteidigung bleibt, einer besonderen Betrachtung am Schlusse des Buches zu unterziehen.

Herbst 1908 trat in die Stellung des Chefs der Eisenbahnabteilung Oberst Quade. Sein Nachfolger wurde nach wenigen Jahren Oberstleutnant Gröner, der zu meiner Chefzeit die Aufmarschsektion bearbeitet hatte. Er führte weiterbauend in langjähriger Tätigkeit als Chef der Abteilung das Militäreisenbahnwesen zu der Vollendung, die bis zur Mobilmachung 1914 erreichbar war. General Gröner hat im Weltkriege als bewährter Feldeisenbahnchef die rechtzeitige Bereitstellung des Heeres und die vollste

Ausnutzung der Eisenbahnen während des Krieges durchgeführt, Erfolge, die zugleich das Ergebnis gewesen sind einer seit 1870 ununterbrochen fortgeschrittenen ungeheuren Arbeit. Der vom Eisenbahnminister Gröner geschriebene Schlußabschnitt des schon erwähnten, im Ministerium der öffentlichen Arbeiten verfaßten Werkes gibt über den Stand des Militäreisenbahnwesens 1914 Aufschluß. Daß bis zum Kriege kein Stillstand in der größtmöglichen Förderung der Kriegsbereitschaft eingetreten war, ergeben folgende Ausführungen: „Der Zeitpunkt des Kriegsausbruchs war insofern nicht besonders günstig, daß ein umfassender strategischer Ausbauplan gerade fertiggestellt, erst beginnen sollte, ebenso wie eine Neubearbeitung des gesamten Militärfahrplans mit Grundgeschwindigkeit von 40 km." Im Rückblick auf die bisherige Schilderung ist bemerkenswert, daß die Eisenbahnkriegsspiele im höchsten Maße gefördert worden waren, um den Aufmarsch gelenkig zu machen, die „Starrheit" zugunsten der strategischen Entschließung möglichst zu mildern.

Zweiter Teil

Kriegsausbruch

6. Der deutsche Aufmarsch und der Operationsbeginn

Die Masse der Mobilmachungstransporte*) war am 5. Mobilmachungstage ungestört abgelaufen. Zwischen denselben wurden, schon einige Stunden nach ausgesprochener Mobilmachung beginnend, etwa 1500 dringliche Kriegstransporte gefahren: Grenzschutztruppen auf beiden Fronten, ferner fünf immobile gemischte Infanterie-Brigaden für die Unternehmung gegen Lüttich, Eisenbahntruppen und Verpflegungszüge. Vom 1. Mobilmachungstage abends ab folgten: vorauszubeförderndes Personal der oberen Kommandobehörden und die ersten Züge der Kavallerie-Divisionen. Vom 5. Mobilmachungstage abends ab begann die geschlossene Aufmarschbewegung der übrigen Heeresverbände, bis zu deren Ablauf die Mobilmachungstransporte möglichst eingeschränkt waren. Der gesamte Aufmarsch rollte planmäßig mit tadelloser Pünktlichkeit ab.

Nach Westen fuhren auf 13 Transportstraßen**) täglich etwa 650 Züge, von denen täglich 560 den Rhein überschritten; allein die Hohenzollernbrücke bei Cöln benutzten vom 2.—18. August mit 10 Minuten Zugfolge 2150 Truppenzüge, ebensoviel Leerzüge in der Gegenrichtung. Die Transportstraßen hatten mehrfach mit gleichzeitig drei Armeekorps belegt werden müssen. Die Ausladung des rechten Heeresflügels dehnte sich bis Crefeld aus, was später beim Vormarsch ein dichtgedrängtes Durchziehen mehrerer Armeekorps durch Aachen erforderlich machte, um das holländische Gebiet zu umgehen. Nur eine glatt verlaufene Abänderung der planmäßigen Disposition war durch Anordnung der obersten Heeresleitung eingetreten, indem das Straßburger Armeekorps (XV.) nach Mülhausen im Oberelsaß gefahren wurde, um nach erfolgreicher Abwehr des ersten französischen Einbruchs mit Fußmarsch und Eisenbahn in sein Versammlungsgebiet nach Straßburg zurückzukehren. Bei dem einfachen Aufmarsch nach Osten wurde das anfänglich bei Dt.-Eylau versammelte XVII. Armeekorps später nach südlich Gumbinnen befördert.

Im ganzen wurden bei der Kriegstransportbewegung gefahren über 3 Millionen Mann, 860 000 Pferde in 11 000 Transporten. Das West-

*) Mit im ganzen 20 000 Mobilmachungstransporten wurden 2 070 000 Mann, 118 000 Pferde, 400 000 t Material befördert.

**) Nach Reichsarchiv, „Der Weltkrieg" S. 139. Minister Gröner gibt im Anhang des im Vorwort genannten Werkes „Die deutschen Eisenbahnen usw." 14 Transportstraßen an. 1870 benutzte der Aufmarsch nach Westen 9 Bahnlinien, S. 2.

heer war am 13. Mobilmachungstag (14. August) operationsbereit, am 16. August waren auch die Trainstaffeln abgerollt. Das Ostheer war schon am 10. Mobilmachungstag fertig aufmarschiert. Nach den französisch-russischen Konferenzbeschlüssen über die gegenseitigen Verpflichtungen zur möglichst baldigen, gemeinsamen angriffsweisen Kriegseröffnung, die „gegen das Herz des Landes des Gegners zu richten“ war, hatten sich die Franzosen für den 11. Mobilmachungstag als operationsbereit erklärt, während auf stetes Drängen des französischen General Joffre die Russen schließlich zugesagt hatten, ihre Offensive „gleich nach dem 15. Mobilmachungstag“ zu beginnen.

Die Versammlung der Heeresverbände von den Ausladestationen aus erfolgte nach den den Kommandobehörden mit Ausspruch der Mobilmachung zugegangenen „Aufmarschanweisungen“ im Westen wie folgt*):

Armee	Verbände	Aufmarschraum
1. Armee	II., III., IV., IX. – III. R., IV. R.	an der belgischen Grenze von nördlich Aachen ab und im Großherzogtum Luxemburg.
2. "	G., VII., X. – G. R., VII. R., X. R., 2., 4., 9. Kav. Division.	
3. "	XI., XII., XIX. – XII. R.	
4. "	VI., VIII., XVIII. – VIII. R., XVIII. R., G., 5. Kav. Division.	
5. "	V., XIII., XVI. – V. R., VI. R., 3., 6. Kav. Division.	von nördl. Diedenhofen bis südl. Metz.
6. "	XXI., I. b., II. b., III. b. – I. b. R., 7., 8., b. Kav. Division.	in Lothringen.
7. "	XV.	bei Straßburg.
(Karte 1.)	XIV. – XIV. R.	am Oberrhein, Grenzschutz in den Vogesen.

Die Kavallerie-Divisionen waren in den vorstehenden Gruppen den vier „höheren Kavallerie-Kommandeuren“ unterstellt.

Den Armeen waren gem. Ldw.-Br. zugeteilt: der ersten 3, der zweiten 2, der dritten, vierten und sechsten je 1, der fünften 5. Die Festungen Metz und Straßburg hatten als Hauptreserve je eine Reserve-Division. Als Deckungstruppen für den Oberrhein waren 4 gem. Ldw.-Br. bestimmt.

Im Osten marschierten als 8. Armee 9 Infanterie- und 1 Kavallerie-Division auf: I. Armeekorps bei Gumbinnen, I. R.-K. Nordenburg, 3. Reserve-Division Lötzen, 1. Kav.-Division nordöstl. Gumbinnen, ferner XVII. bei Dt.-Eylau, vom 14. August ab südlich Gumbinnen. Das XX. Armeekorps sammelte sich südlich Allenstein. In Oberschlesien wurde gegenüber Czenstochau und Kalisch ein Landwehrkorps bereit gestellt. Zugeteilt wurden der 8. Armee 1 Ldw.-Division und je 1 gem. Ldw.-Br. bei Gnesen, Goßlershausen und Tilsit. Solange die Festungen nicht bedroht

---

*) Römische Zahl ist Armeekorps, mit R. ist Reservekorps; G. = Garde; b. = bayrische; gem. Ldw. Br. = gemischte Landwehr-Brigade.

Karte 1.
Der westliche Kriegsschauplatz im Grenzgebiet.
Erläuterung:
Planmäßiger deutscher Aufmarsch 1914 mit Eintrag der Korps und Reservekorps.
Angenommener deutscher Aufmarsch für einen Abwehrkrieg, ohne Eintrag der Korps.
AA Armeeabteilung.
Erläuterung:
Vom deutschen Generalstab vermuteter franz. Aufmarsch.
Tatsächlicher französischer Aufmarsch.
Belgier und Engländer.
Holland
Belgien
Schweiz
Engländer
Belgier
Deckungstruppen
Rhein
Maas
Sambre
Meuse
Marne
Meurthe
Aisne
Antwerpen
Brüssel
Löwen
Lüttich
Visé
Namur
Krefeld
München-Gladbach
Köln
Düren
Bonn
Aachen
Eupen
St. Vith
Gerolstein
Koblenz
Mainz
Trier
Luxemburg
Arlon
Longwy
Montmedy
Neufchâteau
Sedan
Mezières
Vervins
La Fère
Givet
Gedinne
Rethel
Vouziers
Verdun
St. Ménéhould
St. Mihiel
Châlons s./M.
Bar le Duc
Frouard
Nancy
Toul
Diedenhofen
Metz
Saarbrücken
Saarburg
Homburg
Germersheim
Landau
Strassburg
Schlettstadt
Schönau
Colmar
Neubreisach
Mülhausen
St. Dié
Epinal
Neufchâteau
Chaumont
Vesoul
Belfort
zur 1.
0 50 100 150 200 km.

waren, konnten im Feldkrieg eingesetzt werden: aus Posen, Thorn und Königsberg je 1 Division Hauptreserve (Reserve-, Landwehr- und Besatzungstruppen), aus Breslau und Graudenz je 1 gem. Ldw.-Br., ferner noch Truppen aus Kulm, Marienwerder und Danzig. Außerdem waren für den Osten 5 am 11. Mobilmachungstag bereite Ersatzdivisionen in Aussicht genommen, die aber bald im Westen mit 1½ dort aufmarschierenden Ersatzdivisionen eingesetzt wurden. (Karte 2.)

In Schleswig-Holstein blieb zunächst das IX. R. K., das mit 4 gem. Ldw.-Br., den Küstenschutz-Ldw.-Bataillonen und den Inselbesatzungen die Nordarmee bildete.

Die Militäreisenbahnbehörden und die Eisenbahnverwaltungen haben stets mit vollster Zuversicht den von ihnen beim Kriegsausbruch zu leistenden gewaltigen Aufgaben entgegengesehen. Auch in der Truppe herrschte Vertrauen zum guten Verlauf des Eisenbahntransports. Der Oberste Kriegsherr gab seiner Anerkennung in einem Erlaß vom 22. August 1914 Ausdruck:

„Mobilmachung und Versammlung des Heeres an den Grenzen sind vollendet. Mit beispielloser Sicherheit und Pünktlichkeit haben die deutschen Eisenbahnen die gewaltige Transportbewegung ausgeführt. Dankbar gedenke ich zunächst der Männer, die seit dem Kriege 1870/71 in stiller Arbeit eine Organisation geschaffen haben, die nunmehr ihre ernste Probe glänzend bestanden hat. Allen denen aber, die meinem Rufe folgend, mitgewirkt haben, das deutsche Volk in Waffen auf den Schienenwegen den Feinden entgegenzuwerfen, insbesondere den Linienkommandanturen und Bahnbevollmächtigten sowie den deutschen Eisenbahnverwaltungen, vom ersten Beamten bis zum letzten Arbeiter, spreche ich für ihre treue Hingabe und Pflichterfüllung meinen kaiserlichen Dank aus. Die bisherigen Leistungen geben mir die sicherste Gewähr, daß die Eisenbahnen auch im weiteren Verlauf des großen Kampfes um des deutschen Volkes Zukunft jederzeit den höchsten Anforderungen der Heerführung gewachsen sein werden."

Diese Anforderungen der Heerführung konnten in nächster Zeit höchstwahrscheinlich nur folgende Aufgaben betreffen: im Westen möglichst schnell Verstärkungen vom linken zum rechten Heeresflügel zu führen, und ferner Heeresverbände von der West- zur Ostfront zu verschieben, die aller Voraussicht nach ebenfalls dem linken Heeresflügel zu entnehmen waren. Beide Transportbewegungen waren vom Chef des Generalstabes in seinen Erwägungen für die Führung der Operationen vorbedacht (S. 16/17). Der Feldeisenbahnchef hatte schon vor Ablauf des Aufmarsches aus festgehaltenen Leerzügen, die sonst planmäßig den Heimatstationen auf gleichem Transportwege wieder zuliefen, eine gewaltige Wagenreserve hinter dem linken Heeresflügel, in 3 Treffen gegliedert, bereitstellen lassen, ausreichend für 8 Armeekorps.

Ob diese Transportbewegungen zur Ausführung kamen oder nicht, war für die Angriffsoperation des rechten Heeresflügels von allerhöchster Bedeutung. Es erscheint daher im Rahmen vorliegender Betrachtung angezeigt festzustellen, ob die Truppenverschiebungen aus freier Entschließung der Obersten Heeresleitung unterblieben sind, oder ob unabänderliche Ereignisse das Festhalten am anfänglichen Operationsplan ausschlossen. Die im Sommer 1915 niedergeschriebenen Erinnerungen des Generaloberst von Moltke geben darüber einigen Aufschluß.

Am 13. August war deutscherseits erkannt, daß die Franzosen frühzeitig mit starken Kräften, anscheinend 16 Armeekorps, die Deutschen in Lothringen angreifen würden. Am 14. trat der französische Südflügel tatsächlich an, 1. Armee aus Gegend St. Dié in Richtung Saarburg, 2. Armee von Lunéville—Nancy auf Dieuze—Château Salins. Die Offensive begleitete auf dem äußersten rechten Flügel die erneut nach dem Oberelsaß vorbrechende armée d'Alsace.

Je schwerer die Niederlage der Franzosen wurde, um so früher konnten starke Kräfte der deutschen 6. und der ihr unterstellten 7. Armee für Verwendung an anderer Stelle frei gemacht werden. Generaloberst von Moltke hatte einen solchen entscheidenden Schlag beabsichtigt. Durch Ausweichen der deutschen Armee hinter Saar und Eifel sollte die Voraussetzung geschaffen werden, den Feind durch einen von Norden und Süden umfassenden, überraschend geführten Gegenangriff, bei dem auch noch Teile der 5. Armee mitzuwirken hatten, vernichtend zu schlagen. Am 14. wies die Heeresleitung erneut auf dies Ausweichen hin; die französischen Armeen würden auf mindestens 12 Armeekorps geschätzt; eine Offensive der deutschen Armeen könne nur erfolgen, wenn französische Kräfte nach Norden abtransportiert würden. In einem neuen von General von Moltke gebilligten Schreiben des Generalquartiermeisters wurde ein Zurückgehen etwa in die Linie Saarbrücken—Vogesen östlich Saarburg angeregt, da der französische Angriff sehr stark sei. In den nächsten Tagen schwankten die Ansichten über die französische Stärke mehrfach. Das am 16. eingeleitete Ausweichen der 6. Armee wurde durch die Heeresleitung wieder beeinflußt durch den Hinweis, ein Zurückgehen in einem Zuge bis an die Saar sei unerwünscht. Nachdem es daher am 17. eingestellt war, brachte in der Nacht vom 17. zum 18. ein Nachrichtenoffizier der Heeresleitung die veränderte Ansicht derselben, daß es sich in Lothringen nicht um den französischen Hauptangriff handele; aber die Offensive werde doch mit solch starken Kräften geführt, daß es zweckmäßig sei, auszuweichen und von den Flanken anzugreifen. Das Armeeoberkommando hatte aber inzwischen nun den Entschluß zum Angriff gefaßt und beabsichtigte ihn nicht mehr zu ändern. Nachdem am 18. der Chef des Generalstabes des Armeeoberkommandos nochmals festgestellt hatte, daß die Oberste Heeresleitung nicht auf dem Ausweichen beharrte und die Offensive nicht verbot, blieb es bei dieser Absicht. Der Angriff mußte dann wegen verspäteter Bereitstellung und der bei der 7. Armee eingetretenen Ereignisse auf den 20. verschoben werden. Der im wesentlichen nur frontal geführte Angriff führte zu vollem Siege der ungestüm und tapfer angreifenden Truppen, aber nicht zu der von der Heeresleitung beabsichtigt gewesenen entscheidenden französischen Niederlage.

General von Moltke schreibt darüber im Sommer 1915: „Die Erklärung des Führers der 6. Armee, daß er seine Truppe nicht weiter zurückgehen lassen könne, ohne den inneren Halt zu gefährden, daß er angreifen müsse, ließen diese Absicht" (nämlich auszuweichen und den Feind durch Umfassung vernichtend zu schlagen) „nicht zur Ausführung kommen." Aus dieser Besorgnis den Vernichtungsgedanken aufzugeben, könnte nicht als gerechtfertigt anerkannt werden. Für das Gelingen bürgten Manneszucht und auch das Verständnis der Truppe. Das beweisen die Kriegserfahrungen: Die nach ernsten Kämpfen von den Grenzen zurückgeführten ost- und westpreußischen Truppen schlugen „Tannenberg"; und nach wochenlangem, hartem Ringen und fast ununterbrochenen Rückzügen von der Weichsel und von Warschau nach Schlesien bestanden dieselben Korps mit den vom Westen gekommenen zusammen siegreich die Schlachttage bei Lodz, die letzteren Truppen mit Heldentaten, die einzig dastehen in der Geschichte dieses an Schlachterfolgen reichen Krieges. — Das Oberkommando hatte sich aber auch hauptsächlich aus anderen aus der Lage verständlichen Gründen zum frühzeitigeren Angriff entschlossen: weil die Voraussetzung des Ausweichens, daß nämlich ein stark überlegener französischer Angriff erfolge, durch die vielfach wechselnden Nachrichten und das zögernde Vorgehen der Franzosen höchst zweifelhaft geworden war; weil es unsicher war, ob der Feind in die Falle ginge, seine Stärke und ein etwaiger feindlicher Truppenabtransport nur durch Angriff festgestellt werden konnte, und weil durch den festen Entschluß dem Schwanken ein Ende gemacht werden sollte. Die letzte Entscheidung hatte schließlich bei der Obersten Heeresleitung gelegen.

Die Schlacht stand am 20. abends auf der ganzen Front gut, die 6. Armee hatte „siegreiche Schlacht" gemeldet; am 21. war der Ausgang auch bei der 7. Armee nicht mehr zweifelhaft; diese meldete am nächsten Tag „fluchtartigen Rückzug des Feindes". Die Oberste Heeresleitung war fraglos schon am 21. in der Lage, starke Kräfte vom linken Heeresflügel für die früher in Aussicht genommenen Verschiebungen frei zu machen. Aber der Gedanke drängte sich anscheinend weder jetzt noch in den nächsten Tagen auf, weil er schon länger ganz zurückgetreten war. Schon am 13. August, als der starke Angriff nach Lothringen nahe vorausgesehen wurde, hatte nach der Ansicht des Generals von Moltke „das als Hauptoperation geplante Vorgehen des deutschen rechten Heeresflügels an Bedeutung verloren," die Abrechnung mit schwächeren Kräften dort wurde zu „belangloser Nebenoperation"*). Dem Feinde in Lothringen gegenüber sollten nun starke

*) Reichsarchiv, „Weltkrieg" S. 189.

Truppen zu einheitlicher Operation zusammengefaßt, Teile der 5. Armee durch Metz und die Niedstellung zum Flankenangriff vorgeführt, unter Umständen auch die Mitwirkung der 4. Armee gesichert werden. Die anfänglich zur Verstärkung des rechten Heeresflügels in Aussicht genommenen 6½ mobilen Ersatzdivisionen wurden schon am 15. nach Saarbrücken und Straßburg gefahren. Als am 16. erkannt war, daß nicht die französische Hauptmasse in Lothringen angriff, wurde das Eingreifen der 4. und 5. Armee aufgegeben, aber die Ersatzdivisionen behielten ihre neue Bestimmung nach dem linken Flügel, trotzdem nun die Offensive des rechten Heeresflügels wieder zur „Hauptoperation" geworden sein mußte. Eine Sorge, daß dieser der Verstärkung bedürfe, bestand indessen nicht. Gerade am 21., dem Entscheidungstag in Lothringen, nahmen die Ereignisse im hartbedrängten Ostpreußen, über dessen Schicksal entschieden werden mußte, das große Hauptquartier in Anspruch. Als der dortige Armeeführer den Rückzug der 8. Armee hinter die Weichsel eingeleitet und am 21. fernmündlich erklärt hatte, daß auch dort ein erfolgreicher Widerstand mit der „Handvoll Truppen" zweifelhaft sei, wurde das neue Armeeoberkommando Hindenburg-Ludendorff berufen und der Abtransport von Verstärkungen über die Weichsel beschlossen. Von welcher Stelle der Westfront sie genommen werden sollten, war von schwerwiegendster Bedeutung. Die endgültige Bestimmung dieser Verstärkungskorps verzögerte sich um viele Tage. Die weitere Entwicklung der Verhältnisse im Osten konnte nicht beurteilt werden, doch war die Lage so gespannt, daß innerhalb der nächsten acht Tage eine erste ernste Entscheidung fallen und von der 8. Armee wohl ohne Verstärkung durchgekämpft werden mußte. Fiel sie nicht glücklich aus, so war zur Behauptung eines möglichst großen Gebiets östlich der Weichsel ein frühzeitiges Eintreffen auch nach der Entscheidung u. U. von großer Bedeutung. Auf dem linken Heeresflügel in Lothringen war die denkbar schnellste Abbeförderung möglich; überall konnten die Truppen auf langen Rampen in die sofort bereiten Leerzüge eingeladen werden, nach dreitägiger Fahrt die Weichsel überschreiten; nach weiteren drei bis vier Tagen konnten mehrere Korps nahe dem Kampffeld mit fechtenden Truppen ausgeladen sein. Mit diesem Entschluß wäre unter Erhaltung des Feldzugsoperationsplanes zugleich im Osten die wirksamste Hilfe geleistet worden. Ein neues Vordrängen starker französischer Kräfte in Lothringen wäre für die gesuchte Entscheidung im Norden nur günstig gewesen.

Generaloberst von Moltke entschloß sich, von der 6. Armee nur die 8. Kavallerie-Division für den Osten zu bestimmen; die Fortnahme von zwei Armeekorps dort hielt er nicht für angängig, „da der Feind der 6. und 7. Armee überlegen gegenüberstand". Dieser Umstand war für die Oberste Heeresleitung insofern bedeutungsvoll, als von ihr auch nach der günstigen Entscheidung auf dem linken Heeresflügel die Aufgabe der 6. und 7. Armee nicht als Nebenoperation bewertet wurde, die zugunsten des Entscheidungsflügels mit möglichst geringen Truppen zu lösen war. Vielmehr sollte diesen Armeen von Lothringen und den Nordvogesen aus eine entscheidende Mitwirkung zugedacht bleiben. Die frontale Verfolgung konnte bei der modernen Waffenwirkung und der Nähe der feindlichen starken Festungsfront kein lohnendes Ergebnis bringen. Die unablässige Verfolgung der 6. Armee sollte daher, nach der ihr erteilten späteren Anweisung, den Feind in südliche Richtung drängen und ihn von der nahen Festungslinie abschneiden, während die 7. Armee in überholender Verfolgung die feindliche Niederlage zu vollenden hatte. Die Operation konnte zu einem befriedigenden Ergebnis nicht führen; die 6. Armee war in dem für die Bewegung der Truppen zu engen Raum in hohem Maße aus der französischen Festungslinie gefährdet. Ein Korps hatte bald zurückgehalten werden müssen, das Armeeoberkommando regte den Abbruch der Verfolgung an. Die Oberste Heeresleitung hatte mit ihr jedoch viel weitergehende Ziele verfolgt; sie sollte, wie ein am 25. eintreffender Generalstabsoffizier mitteilte, die Einleitung bilden für einen Durchbruch zwischen Toul und Epinal. 1915 schrieb Moltke darüber: Es sollte die 6. und 7. Armee zwischen Nancy und Epinal die Mosel überschreiten, um südlich Verdun den Anschluß an die 5. Armee zu gewinnen, wenn der rechte Heeresflügel die Schwenkung ausgeführt und die Franzosen unter Umfassung ihres linken Flügels von Paris ab nach Südosten gedrängt haben würde. Am 26. billigte Moltke, daß 6. und 7. Armee nicht weiter verfolgten. Noch an diesem Tage hätten ohne Zeitverlust für die Transportbewegung die Verstärkungen für den Osten aus der 6. und 7. Armee frei gemacht werden können, wozu allerdings die Tags zuvor getroffene Anordnung der Loslösung von zwei Korps des rechten Heeresflügels hätte rückgängig gemacht werden müssen. Gegen eine solche Maßnahme herrschten, wie mannigfache Fälle zeigen, bei der Obersten Heeresleitung schwere grundsätzliche Bedenken, die vielleicht die gebotene genaue Nachprüfung getroffener Anordnungen, wenn neue Nachrichten die Unrichtigkeit der bisherigen Auffassung ergaben, beeinträchtigt oder verhindert haben. Die riesige Ausdehnung des Kampfgebiets und die im allgemeinen in dieser Zeit unzureichende Unterrichtung der weit zurück in Coblenz befindlichen Obersten Heeresleitung mußten bei ihr naturgemäß zu überraschendem Wechsel in der Beurteilung der Lage führen. So entstanden schon an diesem 26. August ernste Zweifel, ob die hoffnungsvolle Anschauung, die man am 25. aus den Siegesnachrichten der 1. bis 5. Armee gewonnen hatte, in vollem Umfange berechtigt war.

Wie hatten sich die Ereignisse auf dem rechten Heeresflügel entwickelt? Durch den überaus kühnen und rücksichtslos durchgeführten Handstreich auf Lüttich am 5./6. August und den Fall der Festungswerke nach kurzer Zeit war die erste Voraussetzung für unaufhaltsames Vordringen des lückenlos geschlossenen, durch nachfolgende Reserven unterstützten starken rechten Heeresflügels durch Belgien erfüllt. Der Schwenkung, einschließlich der 5. Armee, um die befestigte Linie Diedenhofen—Metz standen anfänglich wesentliche Hindernisse nicht entgegen. Für die erstrebte Feldschlacht gegen starke französische Heeresteile sowie die belgischen und englischen Streitkräfte wurden durch die vorschreitende gewaltige Umfassung günstige Aussichten gewonnen. Dem Gelingen drohte nur die Gefahr, zur Entscheidungsschlacht nicht stark genug zu sein, und zwar gerade bei den für den Erfolg ausschlaggebenden rechten Flügelarmeen, weil in Belgien und später in Nordfrankreich zur Sicherung der weitausholenden Bewegung starke Kräfte ausfallen mußten. Die ausweichenden feindlichen Heeresteile und mehrere Festungen, sowie die Waffenplätze, in denen erstere Zuflucht fanden, fesselten erhebliche deutsche Kräfte. Vor Antwerpen waren einschließlich des aus Schleswig herangeführten IX. Reservekorps zeitweise fast drei Korps festgelegt, vor Namur lagen später 2½ und vor Maubeuge 1½ Korps. Die Sicherung des äußersten rechten Flügels erforderte außer starker Heereskavallerie dort eine so tiefe Staffelung, daß zwei Korps der 1. Armee für die Umfassung der Engländer in der Schlacht bei Mons nicht zur Stelle sein konnten.

Indessen entwickelten sich die Verhältnisse für die Durchführung der Hauptoperation durchaus günstig. Der Angriff der französischen starken 5. Armee, bestimmt, den an Stärke erheblich unterschätzten deutschen Angriffsflügel zu durchbrechen, und unterstützt durch die Offensive der französischen 3. und 4. Armee, deren Kräfte damit weiter südlich gefesselt wurden, vermehrte die Aussichten des deutschen umfassenden Angriffs. Bis zum 25. August war die französisch-englische Offensive durch die von der 1. bis 5. Armee in unablässigem Vorwärtsdrängen gewonnenen Schlachten auf der ganzen Linie gescheitert. Gewaltiges war erreicht, Maas und Sambre waren überwunden, der linke Heeresflügel in Lothringen war gesichert, Namur war gefallen, überall hatte sich die deutsche Angriffskraft dem Feinde überlegen erwiesen. Aber die eigentliche Entscheidung reifte erst heran. Der in Lothringen geschlagene Feind war kampffähig geblieben, wie die nach eingestellter Verfolgung sich entwickelnden ernsten Kämpfe dort ergaben; vor der 5. Armee bis zum rechten Heeresflügel hatten die Franzosen keine so schweren Niederlagen erlitten, daß die Truppen nicht zu neuem zähen Widerstand und auch wieder zu großen Angriffen fähig gewesen wären, dafür war das Ausbleiben großer Beute an Gefangenen und Geschützen ein untrügliches Zeichen; Teile des Feindes hatten kaum gekämpft. Der Gegner hatte für große, schnelle Truppenverschiebungen ein reich entwickeltes Bahnnetz, für den Schutz dieser Bewegung nach Osten seine unberührte starke Festungsfront, alle Vorteile der Operationen auf der inneren Linie standen ihm ungehindert zur Verfügung. Für die deutsche Oberste Heeresleitung kam es darauf an, die Lage klar zu erkennen, die Verhältnisse vorausschauend richtig zu bewerten und auf dem entscheidenden westlichen Flügel eine möglichst starke Überlegenheit wieder zur Geltung zu bringen, wie es an Maas und Sambre gelungen war, wo man mit 14½ gegen 10 Korps ein Übergewicht erlangt hatte, wenn man auch eine Umfassung des Feindes nicht hatte erreichen können. Um diese künftig sicher zu gewinnen, war ein weiteres starkes Ausholen und das Heranbringen aller an anderen Stellen entbehrlich werdenden Kräfte geboten.

Die Oberste Heeresleitung hatte nach Eingang der bedrohlichen Nachrichten am 21. zunächst beabsichtigt, für die Verstärkung des Ostheeres sechs Armeekorps von der Westfront loszulösen, je zwei von den Flügeln und der Mitte. Durch den Sieg in Lothringen und die hoffnungsvollen Meldungen vom Angriffsflügel schien schon der Augenblick für eine große Umgruppierung nach der russischen Front gekommen. Als dann die Erfolge auf der ganzen Westfront geringer eingeschätzt werden mußten, bestimmte Generaloberst von Moltke schließlich am 25. August nur drei Armeekorps, zwei vom rechten Heeresflügel und eins der 5. Armee. Die Anordnung für letzteres (V.) wurde rückgängig gemacht, weil eine Schwächung der 5. Armee dann nicht ratsam erschien. Moltke begründet die Fortnahme von zwei Korps vom rechten Heeresflügel in seinen „Erinnerungen" mit seiner damaligen Auffassung der Lage, daß diese Kräfte dort entbehrt werden konnten. Paris sei von Truppen so gut wie entblößt gewesen, die Armeekorps dieses Flügels hätten immer nur rücksichtslose Verfolgung als notwendig betont, die „die Vernichtung des Gegners vollenden würde"; Meldungen über französische Truppentransporte von Osten nach Paris seien dagegen erst in den letzten Augusttagen gekommen. Ausschlaggebend für die Wahl des XI. und Garde-Reservekorps war wohl jedenfalls die Meldung des General von Bülow über den Sieg der 2. Armee und die eingeleitete Umfassung der Engländer durch die 1. Armee sowie den Fall von Namur, wo diese beiden Korps nun für andere Verwendung frei geworden seien.

Somit war die bei dem Operationsplan anfänglich erwogene Absicht, den zugunsten des linken Heeresflügels geschwächten Angriffsflügel später zu verstärken, in ihr Gegenteil verkehrt worden. Die Korps hatten zur Einladung erhebliche Märsche zurückzulegen, ihre endgültige Zuweisung zur 8. Armee wurde dem Oberkommando erst in der Nacht vom 28. zum 29. August mitgeteilt. Unterdessen war durch die Ereignisse in Ostpreußen eine baldige Verschiebung nicht mehr so dringlich wie bisher. Schon am 25. waren von dort beruhigende Nachrichten gekommen, und am 27. war der Sieg über drei russische Korps gemeldet worden mit dem Zusatz, daß man hoffte, „morgen Abend mit der ganzen feindlichen Südarmee aufgeräumt zu haben". Dazu kam, daß General Ludendorff auf die Verstärkung für das Ostheer ausdrücklich verzichtet hatte, „im Hinblick auf die Lage im Westen". Dies war nicht nur ein Beweis seiner zutreffenden klaren Beurteilung der dortigen Lage, sondern ein außerordentlicher, selbstloser Entschluß angesichts der hohen Verantwortung, die auf ihm als Berater des Oberkommandierenden der in schwieriger Lage befindlichen 8. Armee ruhte.

Als in den allerletzten Augusttagen bestimmte Nachrichten eingingen, daß der Feind vor der 6. und 7. Armee Truppen herauszog, wurde die Verschiebung von Teilen derselben nach dem rechten Heeresflügel schließlich noch angeordnet, doch war es nun zu spät geworden. Generaloberst von Moltke beklagt, daß diese Truppen erst am 13. September St. Quentin erreichten. Es war der Tag, an dem deutscherseits je ein Korps der 3., 4. und 5. Armee in westlicher Richtung in Marsch gesetzt wurden, um die Lücke zwischen der 1. und 2. Armee zu schließen. Alle Wahrscheinlichkeit spricht dafür, daß das Schicksal der deutschen Offensive durch Belgien gewendet, und ein den Feldzug entscheidender Erfolg errungen worden wäre, wenn die beiden Korps von Namur dort zur Stelle gewesen wären, zu denen noch Kräfte vom linken Heeresflügel hätten hinzukommen können, ungeachtet einer schon sehr frühzeitigen Abbeförderung zweier Korps von Lothringen nach Ostpreußen. Generaloberst von Moltke bezeichnete selbst 1915 den Abtransport des XI. und Garde-Reservekorps nach Osten als einen „Fehler, der sich an der Marne gerächt habe".

Der Feldzugsplan des Grafen Schlieffen hatte in demjenigen des General von Moltke eine Abschwächung der entscheidenden Angriffsoperation erfahren; der Erfolg war nicht in gleicher kraftvoller Weise gewährleistet. Dennoch hätte, wie der Verlauf der Ereignisse schließen läßt, bei noch rechtzeitigem vollen Einsatz aller nur irgend verfügbaren Kräfte auf dem Angriffsflügel und bei unbeirrter Durchführung des Vernichtungsplanes, der Sieg erstritten werden können.

7. Konnte der deutsche Feldzugsplan noch bei Kriegsausbruch geändert werden?

Am gleichen Tage wie in Frankreich, am 1. August war die deutsche Mobilmachung befohlen worden, der 2. August war der 1. Mobilmachungstag. Da trat ein Ereignis ein, das die Ausführung des planmäßigen Aufmarsches in Frage stellte. Diese Tatsache ist erst 1923 durch die herausgegebenen Erinnerungen des Generaloberst von Moltke bekannt geworden. Ein kurzer Auszug aus dem 1. Kapitel ist für die Erörterung obiger Frage nötig; er beschränkt sich auf das für das Verständnis der Darlegungen Erforderliche.

General von Moltke war am 1. August auf dem Wege vom Königlichen Schloß nach dem Generalstab, als er den Befehl erhielt, sofort zurückzukehren; es sei eine wichtige Nachricht eingetroffen. Er fand Seine Majestät, den Reichskanzler, den Kriegsminister und einige andere Herren. „Der Reichskanzler, der immer noch geglaubt hatte, daß sich der allgemeine Krieg, zum mindesten die Teilnahme Englands, vermeiden lassen würde, war augenscheinlich über den Inhalt einer soeben von dem deutschen Botschafter in London, Fürsten Lichnowsky, eingetroffenen Depesche*) freudig

*) Nach der Depesche sollte die englische Regierung die Vermittlung mit Frankreich angeboten haben, falls Deutschland keine feindliche Handlung gegen Frankreich unternähme. England sei zum Schutz der französischen Küste verpflichtet.

erregt, ebenso Seine Majestät der Kaiser." „Es herrschte eine freudige Stimmung: nun brauchen wir nur den Krieg gegen Rußland zu führen. Der Kaiser sagte mir: »Also wir marschieren einfach mit der ganzen Armee nach Osten auf!« Ich erwiderte Seiner Majestät, daß das unmöglich sei. Der Aufmarsch eines Millionenheeres lasse sich nicht improvisieren, es sei das Ergebnis einer vollen mühsamen Jahresarbeit und könne, einmal festgelegt, nicht geändert werden. Wenn Seine Majestät darauf bestehe, das gesamte Heer nach dem Osten zu führen, so würden Dieselben kein schlagfertiges Heer, sondern einen wüsten Haufen ungeordneter Menschen ohne Verpflegung haben. Der Kaiser bestand auf seiner Forderung und wurde sehr ungehalten." „Daran, daß es für uns eine Katastrophe herbeiführen mußte, wenn wir mit unserer gesamten Armee nach Rußland hineinmarschiert wären, daran schien kein Mensch zu denken. Wie hätte es England jemals, selbst den guten Willen vorausgesetzt, verhindern können, daß Frankreich uns in den Rücken fiel. Auch meine Einwendung, daß Frankreich bereits in der Mobilmachung begriffen sei, und daß es unmöglich sei, daß ein mobiles Deutschland und ein mobiles Frankreich sich friedlich darauf einigen würden, sich gegenseitig nichts zu tun, blieb erfolglos. Die Stimmung wurde immer erregter, und ich stand allein da."

„Schließlich gelang es mir, Seine Majestät davon zu überzeugen, daß unser Aufmarsch, der mit starken Kräften gegen Frankreich, mit schwachen Defensivkräften gegen Rußland gedacht war, planmäßig auslaufen müßte, wenn nicht die unheilvollste Verwirrung entstehen sollte. Ich sagte dem Kaiser, daß es nach dem vollendeten Aufmarsch möglich sein werde, beliebig starke Teile des Heeres nach dem Osten zu überführen; an dem Aufmarsche selbst dürfe nichts geändert werden, sonst könne ich keine Verantwortung übernehmen."

„Ich war im Laufe der Szene in eine fast verzweifelte Stimmung gekommen; ich sah aus diesen diplomatischen Aktionen, die in den Gang unserer Mobilmachung einzugreifen drohten, das größte Unheil für den uns bevorstehenden Krieg erwachsen." „Ich habe die Eindrücke dieses Erlebnisses nicht überwinden können, ... Zuversicht und Vertrauen waren erschüttert."

Am Nachmittag war nach London eine Antwort ergangen mit dem Dank für das Anerbieten, aber der Aufmarsch müsse nun erfolgen „aus technischen Gründen".

Neue Schwierigkeiten entstanden, da Seine Majestät nicht der planmäßig vorbereiteten Besetzung luxemburgischen Gebiets durch Truppen der Trierer Division zustimmte. Moltke schreibt weiter: „Wir mußten unbedingt die luxemburgischen Bahnen haben, die wir für unseren Aufmarsch gebrauchten. Der Reichskanzler erklärte, Luxemburg dürfe unter keinen Umständen besetzt werden, da dies Frankreich bedrohe und die angebotene englische Garantie illusorisch mache. Der Kaiser ließ eine Depesche aufsetzen, die den Einmarsch verbot." „Abermals lag die Gefahr vor, daß unser Aufmarsch in Verwirrung gebracht werde. Was das heißt, kann im einzelnen wohl nur derjenige ermessen, dem die komplizierte und bis auf das kleinste Detail geregelte Arbeit eines Aufmarsches bekannt ist. Wo jeder Zug auf die Minute geregelt ist, muß jede Änderung in verhängnisvoller Weise wirken."

Es blieb bei dem Befehl. Im Generalstab verweigerte Moltke dann, die eigene Unterschrift unter die Anordnung an die Trierer Division zu setzen: „Ich kann nicht meine Unterschrift, die erste nach Ausspruch der Mobilmachung, unter einen Befehl setzen, der etwas widerruft, was planmäßig vorbereitet ist und das von den Truppen sofort als ein Zeichen der Unsicherheit empfunden wird." Abends 11 Uhr wurde Moltke wieder ins Schloß gerufen. Der König von England hatte depeschiert, daß ein „Mißverständnis des deutschen Botschafters" vorliegen müsse.

Die grundsätzliche Stellungnahme des Chefs des Generalstabes des Feldheeres gegen das Aufgeben des planmäßigen Aufmarsches und die Übernahme einer ihm überwältigend schwierigen, ja unmöglich erscheinenden neuen Aufgabe war selbstverständlich. Die in den „Erinnerungen" angeführten politischen und rein militärischen, die Sicherung des Landes gegen Frankreich betreffenden Gründe sind durchaus zutreffend und ganz unanfechtbar, wenn tatsächlich die volle Entblößung der Westgrenze von allen Streitkräften und Grenzschutz mit dem „Aufmarsch nur nach Ost" gemeint war. Das ist aber nicht wahrscheinlich; vielmehr ist aus dem Beharren Seiner Majestät auf der Forderung zu schließen, daß nur die Verwendung der Masse des Heeres nach Osten ins Auge gefaßt war.

Schwerwiegend war unbedingt Moltkes Bedenken, daß ein Widerruf von planmäßig vorbereiteten Anordnungen in der Truppe als Zeichen der Unsicherheit empfunden werden würde. Doch kann diese Rücksicht nicht allgemein und grundsätzlich ausschlaggebend sein für abweichende Aufmarschanordnungen, z. B. Aufschiebung des Abtransports oder Abfahrt in anderer Richtung usw. Denn sonst würde die Entschlußfreiheit der obersten Führung beschränkt oder ausgeschaltet sein, während die Bestrebungen gerade dahingegangen waren, die „Starrheit des Aufmarsches" möglichst zu beseitigen. Den Kommandobehörden und Truppen wurde schon aus Gründen der Geheimhaltung im Frieden nur das allernotwendigste mitgeteilt, was sie für ihre Mobilmachungsvorbereitungen nicht entbehren konnten. Auch die Grenzkorps hatten genaue Kenntnis meist nur über den Grenzschutz, im übrigen waren nur den sehr frühzeitig vorausgehenden Truppen die Abfahrtszeiten jedoch ohne Fahrtrichtung bekannt. Das gänzliche Umwerfen aller Vorarbeiten war aber zweifellos bedenklich, weil die Änderungen teilweise längerer Zeit bedurften. Kommandobehörden und Truppen erwarteten kurz nach ausgesprochener Mobilmachung alle Anordnungen für den Abtransport und die Anweisungen für ihre Aufgaben im Grenzgebiet, die „Fahr- und Marschtafeln" und die „Kriegsgliederung". Das Ausbleiben und die Ankündigung verspäteter und geänderter Maßnahmen machten wohl Beunruhigung und Unsicherheit unvermeidlich und brachten vielleicht eine Flut von Anfragen. Daß Stimmung und hoher Schwung und die Zuversicht zum Generalstabe nicht litten, war außerordentlich bedeutungsvoll. Ohne den äußersten Zwang der Umstände konnte ein Generalstabschef sich nicht in diese Lage fügen.

General von Moltke hat seinen Widerstand fast ausschließlich und mit größtem Nachdruck mit der technischen Unmöglichkeit begründet, den planmäßig festliegenden Eisenbahnaufmarsch nur im geringsten ändern zu können. Daß dem nicht zugestimmt werden kann, ergeben die Ausführungen in Kapitel 5, S. 31 bis 33. Moltkes Anschauungen in dieser Beziehung waren nicht zutreffend. Es könnte angenommen werden, er habe sie in der erregten und schließlich verzweifelten Stimmung geäußert, weil andere Einwendungen vergeblich gewesen waren. Seine letzten Ausführungen, die nicht mehr der geschilderten Stunde im Schloß zugehören, vielmehr später in Ruhe in den „Erinnerungen" niedergeschrieben sind, beweisen aber, daß er bei den eisenbahntechnischen Einwürfen seine innerste Überzeugung ausgedrückt hat.

Mit den technischen Gegengründen hat aber General von Moltke nach seinen Ausführungen schließlich den Kaiser überzeugt, „daß der Aufmarsch planmäßig verlaufen müsse". Wäre Moltke das nicht gelungen, so ist die Möglichkeit nicht abzuweisen, daß unverzüglich Anordnungen und Befehle, auch eisenbahntechnischer Art, die die am frühesten abzubefördernden Truppen betrafen, hinausgingen, wenn — der Feldeisenbahnchef, ohne dessen Zuziehung als Sachverständiger eine endgültige Entscheidung nicht getroffen werden konnte, die Verantwortung für die Durchführung veränderten Aufmarsches übernommen hätte. Neue Schwierigkeiten und wirkliche Verwirrung mußten folgerichtig aber dann entstehen, wenn die nächtliche zweite Depesche aus London kam. Die Aufklärung, die sie brachte, hätte sich auch um Tage verzögern können; dann konnte eine Widerrufung des „großen Aufmarsches Ost" zu einer Katastrophe führen.

Die Beharrlichkeit, mit der General von Moltke für seine Überzeugung, den planmäßigen Aufmarsch erhalten zu müssen, eintrat, bleibt gewiß verdienstvoll. Unmittelbare üble Folgen für die Eröffnung der Operationen wurden verhindert. Aber nicht selbstverständlich, sondern ein furchtbares Verhängnis war es, daß dem deutschen Generalstabschef, was er „nicht wieder hat überwinden können, Zuversicht und Vertrauen erschüttert waren".

Ob ein „Mißverständnis des deutschen Botschafters" oder ein „Bluff der englischen Regierung" vorlag?

War die Umgestaltung des Aufmarsches möglich?

Konnte der Feldeisenbahnchef die Verantwortung solch veränderten Aufmarsches am Nachmittag vor dem 1. Mobilmachungstag übernehmen?

Meine Beantwortung dieser Frage gründet sich auf die langjährigen theoretischen Erfahrungen und Studien bei den Kriegsvorbereitungen in der Eisenbahnabteilung und bei den Eisenbahnverwaltungen, die Kenntnis des Eisenbahnbetriebes und die praktischen Ergebnisse zahlreicher Kaisermanöver-Abtransporte. Mein Urteil wird aber auch gestützt durch die vorzügliche, damals richtig eingeschätzte Bewährung der Militäreisenbahnbehörden und die außerordentlichen Leistungen der Eisenbahnen im Kriege, sowohl bei der Mobilmachung und beim Aufmarsch, wie bei den umfangreichen, nur kurzer Vorbereitung bedürfenden Truppenverschiebungen im Verlauf der Operationen.

Zunächst lag es dem Feldeisenbahnchef ob, wenn die Notwendigkeit ganz veränderten Aufmarsches nicht unwiderleglich dargetan war, mit einwandfreier eisenbahntechnischer Begründung und Geltendmachung seiner strategischen und politischen Bedenken dringend abzuraten. Bestand der Chef des Generalstabes auf der Ausführung, mußte festgestellt werden, daß ein gänzlich neuer Aufmarsch aus dem Stegreif sich nicht schaffen ließ, ein solcher ja aber überhaupt nicht in Frage kommen konnte. Dagegen konnte eine ausreichende Masse des Heeres auch jetzt noch im Osten zu erfolgreicher Angriffsoperation bereitgestellt werden unter Zugrundelegung und mit möglichster Erhaltung eines Teils des bisherigen Aufmarsches. Dazu waren gleichzeitig mit dem planmäßig bestehen bleibenden Ostaufmarsch soviel Korps und Kavalleriedivisionen nach Osten zu fahren, als es die Leistungsfähigkeit der Transportstraßen zuließ. Weitere Korps, je nach Bestimmung der Obersten Heeresleitung, konnten bald nach ihrer Bereitschaft aus den Standorten oder später nach vorheriger Verwendung im Westen als zweite Staffel folgen. Für die nicht nach Osten bestimmten Verbände mußte im allgemeinen die planmäßige Abbeförderung aus den Garnisonen nach der Westgrenze bestehen bleiben, oder sie konnten auch teilweise zunächst in diesen zurückgehalten werden. Um dem schwächeren Westheer diejenige Versammlung zu geben, die für die Abwehr im Westen gegen einen französisch-belgischen Einbruch die zweckmäßigste war, konnten nahe dem Grenzgebiet ohne weiteres Rückverlegung oder Verschiebung der Ausladung stattfinden.

Für diese, den neuen Absichten genügenden Änderungen konnte der Feldeisenbahnchef die Verantwortung tragen, wenn ihm die Bestimmung der Truppenverbände nach den Rücksichten einfachster Transportführung vorbehalten blieb. Er hatte darauf aufmerksam zu machen, daß die Sicherheit geordneter und pünktlicher Durchführung nicht in dem Maße gewährleistet war, wie beim planmäßigen Aufmarsch. Störungen und Zeitverluste konnten eintreten, ohne jedoch die rechtzeitige Bereitstellung zur Ost-Offensive in Frage zu stellen.

Eine erhebliche, in kurzer Zeit zu bewältigende Aufgabe erwuchs der „Operationsabteilung" des Großen Generalstabes, wo schnelle, folgenschwere Entschlüsse für die Führung der Operation zu fassen und mit der Eisenbahnabteilung zu bearbeiten und hinauszugeben waren. Es besteht kein Zweifel, daß die Arbeit zu leisten war, und zwar um so leichter, je eingehender ein „großer Ostaufmarsch" vorbedacht und schon vorbereitet war. Die Grundlage für die Abänderungen des Aufmarsches bildeten die neue Kriegsgliederung und die nunmehrigen Versammlungsräume, die der Chef des Generalstabes des Feldheeres nach den Absichten für die Eröffnung der Operationen zu bestimmen hatte. Es handelte sich dabei nicht um neue, unbekannte Erwägungen; alle Verhältnisse waren durch die Vorarbeiten geklärt und lagen im Ganzen einfach. Insonderheit galt es im Osten mit schnellem, möglichst überraschendem Schlag in wirksamster Richtung dem Feind das Gesetz zu geben und unbeirrt den Erfolg mit rücksichtsloser Tatkraft auszubeuten.

Ob die in Vorstehendem für die Stellungnahme des Feldeisenbahnchefs entwickelten Grundsätze zweckmäßig und für die veränderte Aufmarschgestaltung erfolgversprechend waren, kann nicht wohl allgemein, sondern nur beurteilt werden, wenn bestimmte neue Operationspläne für den Angriff im Osten und die Abwehr im Westen betrachtet werden. Die in folgendem behandelten beanspruchen weder die zweckmäßigste noch eine mustergültige Lösung zu geben, sondern nur eine brauchbare Unterlage, um die Durchführbarkeit der Aufmarschänderungen zu prüfen. Für die Ostoffensive sind im wesentlichen die Gedanken früherer Operationspläne wieder aufgenommen (Kapitel 2), sowie diejenigen, die der Kriegsverlauf hat hervortreten lassen. Für die Abwehr im Westen ist die Lage angenommen, wie sie sich ergab aus dem vom deutschen Generalstab vorausgesetzten französischen Aufmarsch (Karte 1). Bei anderen als den jetzt zu erörternden Operationsabsichten würden die Verhältnisse für die Aufmarschänderungen nicht ungünstiger liegen; im Gegenteil stellt die von mir angenommene neue Versammlung im Osten die technisch schwierigste Transportaufgabe.

Bei der Ausführung waren am dringlichsten, d. h. noch am 1. August herauszugeben, folgende Anordnungen: Im Westen hat keinerlei Grenzüberschreitung stattzufinden. Die nach Luxemburg bestimmten Truppen der 16. Infanteriedivision sichern an der Luxemburger Grenze. Die für Lüttich vorgesehenen fünf gemischten Brigaden bleiben in den Garnisonen; nicht mehr festzuhaltende Züge sind in Cöln zu entladen. Die am 1. Mobilmachungstag abends beginnenden Transporte, soweit sie nun nach Osten fahren sollen, erhalten neue Abfahrtszeiten durch die Linienkommandanturen. (Diese Transporte waren das vorauszubefördernde Personal der oberen Kommandobehörden, die frühesten Züge der Kavalleriedivisionen, die Eisenbahntruppen und einige Verpflegungszüge.)

Für die besonderen Vorbereitungen der Eisenbahnverwaltungen war dringlich nur eine stärkere Besetzung mit Lokomotiven und Personal auf einzelnen östlichen Transportstraßen der Grenzgebiete Königsberg, Danzig, Bromberg und Posen. Soweit dazu die planmäßig bereitzustellenden Lokomotiv- und Personalreserven im mittleren Deutschland nicht ausreichten, waren reichliche Aushilfen rechtzeitig aus den Direktionsbezirken Elberfeld, Münster und Cöln in Lokomotivzügen nachzuschieben.

Die gesamte Mobilmachungstransportbewegung blieb vollständig planmäßig bestehen.

An Stelle der (S. 42 und Karte 1) planmäßigen Versammlung der Streitkräfte sollte folgende neue Kriegsgliederung und Bereitstellung treten (soweit der Transport planmäßig bis ins Grenzgebiet bestehen bleibt, ist dies mit * bezeichnet):

Ostheer: Ostpreußen und Schlesien.

Heeresgruppe A. mit unterstelltem Gouvernement Königsberg:

1. Armee . . A. O. K. 1. (Armee-Oberkommando).
G., I.*, II. – G. R. . . . . . } Tilsit – Gumbinnen.
Garde-, 2. Kav. Div. . }

8. Armee . . A. O. K. 8*.
X., XVII.* – I. R.*, X. R. . . }
3. R. Div.* . . . } Gumbinnen – Marggrabowa.
1. Kav. Div.* . . }

Heeresgruppe B.:

2. Armee . . A. O. K. 2.
III., IV., XX.* – III. R., IV. R. } Lyck – Rudzany.
4. Kav. Div. . . . . . }

3. Armee . . A. O. K. 3.
XII., XIX. – V. R. . . . . . . Ortelsburg – Soldau.
XII. R. . . . . Thorn.

Außerdem:

4. Armee . . A. O. K. 4.
V., VI. – VI. R., L.* (Landw.) }
Korps . . . } Ostrowo – Kreuzburg.
5., 8. Kav. Div. . . . . }

Zwischen 3. und 7. Armee die planmäßigen Landwehrformationen.*
Reserve: die Besatzungen der Weichselfestungen und von Posen.

Westheer.

Heeresgruppe C.:

7. Armee . . A. O. K. 7 (neu, auf dem rechten Flügel bei Cöln).
VII.* und 9. Kav. Div.* . . Grenzschutz gegen Belgien.
IX.*, XI.* – VII. R.*, IX. R.*, } erstere beide westlich Cöln,
XVIII. R.* . . . } die Reservekorps vorläufig in den Garnisonen.

5. Armee . . A. O. K. 5*.
VIII.*, XIII.*, XVI.*, XVIII.* – VIII. R.* } Südliche Eifel und
3.*, 6.* Kav. Div. . . . . } untere Saar.

Karte 2.

Die östlichen Kriegsschauplätze in den Grenzgebieten.

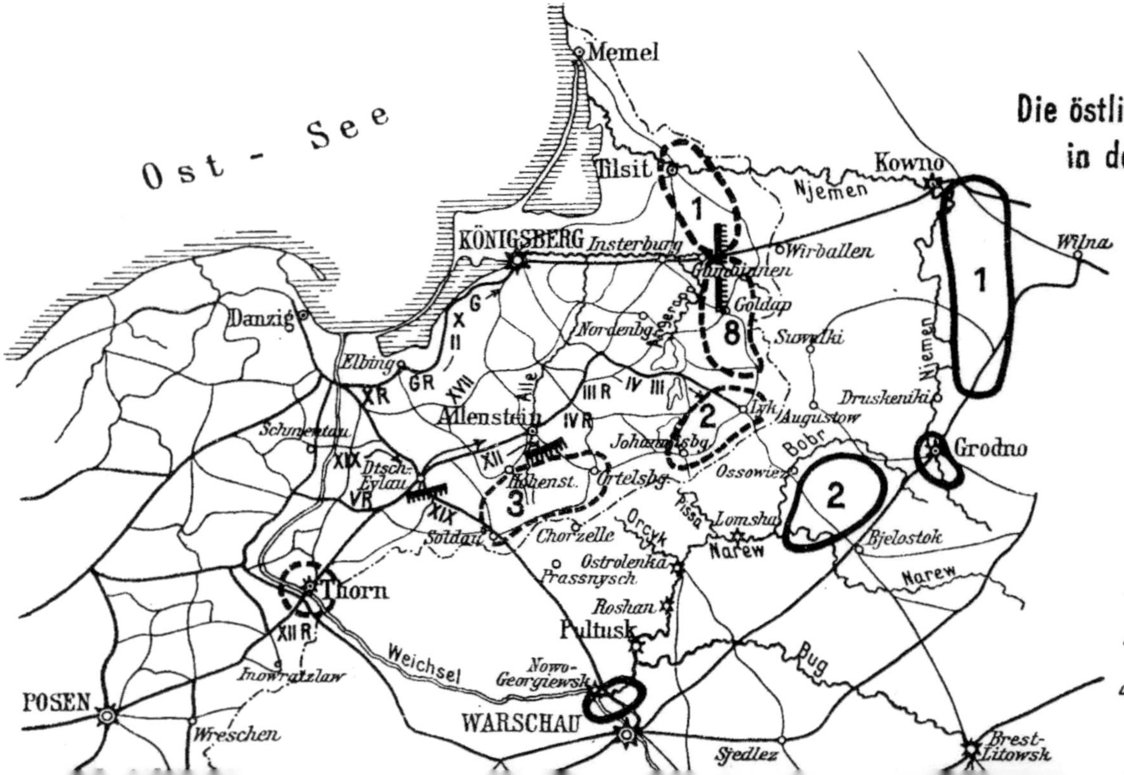

Erläuterung:

- Russischer Aufmarsch
- Österreichischer "
- Planmäßiger deutscher Aufmarsch
- Angenommener deutscher Aufmarsch im Falle des Angriffs gegen Rußland.

Antransport:

über Königsberg: G, X, II 1. Staffel
GR, XR 2. "
über Thorn: III, IV, XII 1. "
III R, IV R, V R 2. "
über Schmentau nach Soldau XIX.

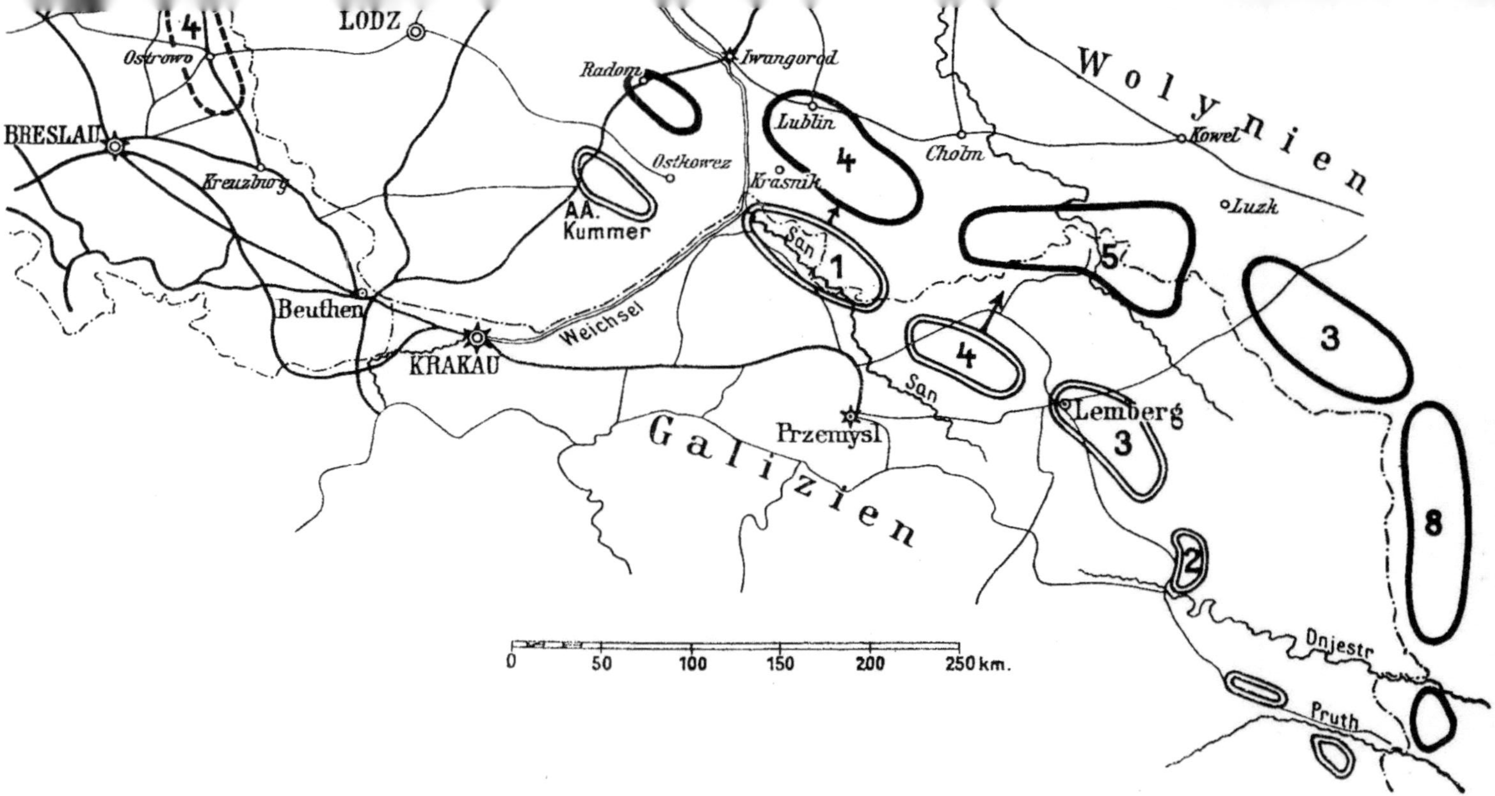

LODZ
Ostrowo
4
Radom
Iwangorod
Wolynien
BRESLAU
Lublin
4
Cholm
Kowel
Ostkowez
Krasnik
Kreuzburg
Luzk
AA. Kummer
San
1
5
Beuthen
Weichsel
KRAKAU
4
San
3
Lemberg
3
Przemysl
Galizien
8
2
Dnjestr
Pruth
0
50
100
150
200
250 km.

Heeresgruppe D.:

6. Armee . . A. O. K. 6*.

XXI.*, I. b.*, II. b.*, III. b.* . . . . } Lothringen.
7.* Kav. Div. . . . . }

Armee-Abteilung XIV.*, XV.* . . . . Straßburg.
(Das A. O. K. 7, bisher bei Straßburg, ist nach Cöln zur neuen 7. Armee übergetreten.)

Reserve für den Westen:

XIV. R., I. b. R., $6^1/_2$ mobile Ersatz-Div., vorläufig in den Garnisonen.

Die planmäßig nach West bestimmten gemischten Landwehr-Brigaden der 1., 5. und 6. Armee behalten ihre Bestimmung dorthin, die der 2., 3. und 4. Armee fahren mit nach Osten.

Das Gouvernement Metz, dem außer der Niedstellung (S. 16) auch die stark zu befestigende Linie Diedenhofen—Metz zugewiesen wurde, blieb der Heeresleitung unmittelbar unterstellt.

Für IX. R., XIV. R., XVIII. R. und I. b. R. war der Antransport vorzubereiten nach Gegend nördlich Aachen—Cöln mit Überschreitung des Rheins unterhalb von Cöln.

Ein Vergleich mit der planmäßigen Kriegsgliederung (S. 42) ergibt, daß im allgemeinen der für den Einmarsch nach Belgien bestimmt gewesene Angriffsflügel, 1. bis 4. Armee, dort ausfällt und nach Osten gefahren wird. Von diesem Flügel bleiben jedoch mit ihrer planmäßigen Westdisposition erhalten die dem Armeeoberkommando 7 bei Cöln zu unterstellenden 3 Korps, 3 Reservekorps und 1 Kavalleriedivision. Bei diesen Verbänden brauchen nur westlich des Rheins die Ausladebahnhöfe teilweise verschoben zu werden, was vom Ausladekommissar mit der Linienkommandantur Cöln geregelt wird. Die beiden Kavalleriedivisionen und die fünf jetzt zur 5. Armee gehörigen Armeekorps behalten ebenfalls ihre planmäßige Disposition; nur bei drei dieser Korps, die bisher zur 4. Armee gehörten, sind einige andere Ausladebahnhöfe zu bestimmen, oder es ist kurzer Fußmarsch erforderlich. Die 6. Armee und die Armeeabteilung, von der nur das Armeeoberkommando 7 nach Cöln gefahren wird, bleiben ebenfalls planmäßig. Für den Osten sind 16 Korps und 5 Kavalleriedivisionen zu den planmäßig dorthin disponierten hinzu zu befördern, wovon 4 Korps und 2 Kavalleriedivisionen (die schlesischen und posenschen) selbständig durch die Linienkommandanturen im Verein mit den Generalkommandos disponiert werden können. Im übrigen erfolgt die Bearbeitung zeitabschnittsweise bei der Eisenbahnabteilung. Die Ausführung ist weitgehend dezentralisiert, so daß sie sich auf eine große Zahl von Linienkommandanturen, also auch Eisenbahnverwaltungen verteilt; acht sind bei der Einladung der Truppen, je fünf nur bei der Durchführung und der Ausladung beteiligt.

An der schmalsten Einschnürung zwischen Böhmen und Stettiner Haff genügen die fünf Transportstraßen bei Belastung nur zu ⅔ der Zugzahl, um die westlich davon liegenden Korps durchzuführen, die Reservekorps im allgemeinen hinter den Gefechtsstaffeln der voranfahrenden Armeekorps. Östlich der Weichsel müßte das Höchstmaß der Streckenleistungen voll ausgenutzt werden. Das freie Tagesintervall von vier Stunden und gegebenenfalls frühere Ausladung und Fußmarsch nach Überschreitung der Weichsel könnten bei etwaigen Stockungen Ausgleich schaffen. Die Bahnen östlich der Weichsel müssen von Mitternacht 5./6. Mobilmachungstag ab zweckmäßig von den ostpreußischen Korps freigemacht werden. Die Verteilung der Korps auf die Transportstraßen ergibt die Karte 2. Zur Überschreitung der Weichsel stehen fünf Eisenbahnbrücken zur Verfügung; östlich der Linie Dt. Eylau—Elbing zur Ostgrenze führen aber nur zwei zweigleisige Linien, die sich jedoch im Grenzgebiet für die Ausladung wieder mehrfach verzweigen. Die Versammlung der 4. Armee in Schlesien verursacht keine Schwierigkeiten.

Der veränderte Abtransport wird sehr erleichtert, wenn die Truppen in der „planmäßigen“ Reihenfolge und zu ungefähr denselben Stunden nach der neuen Richtung abgefahren werden; die schwierigste Vorarbeit der Bahnverwaltungen, die Bereitstellung der Leerzüge, wird dadurch vereinfacht. Da die Linienkommandanturen fast ohne Ausnahme sich am Sitz der Generalkommandos befinden, können sie sich schnell miteinander verständigen, und das Telegraphen- und Telephonnetz werden entlastet. Diese Einrichtungen werden auch noch 1914 für eine Beanspruchung, wie sie ein veränderter Aufmarsch bringen mußte, knapp gewesen sein; Kraftwagenverkehr und Versendung des Materials mit Schnellzügen in den beiden ersten Tagen waren vorzusehen. Verwickelter als der neugestaltete Transport der geschlossenen Heeresverbände ist die Beförderung der vielen Einzeltransporte, wie Telegraphen-, Eisenbahn- und Etappenformationen und Stäbe, insbesondere auch die zahlreiche schwere Artillerie, die als besondere Heeresformationen verwendet werden; dabei muß mit einzelnen Fehlleitungen und Verspätungen gerechnet werden. Die Verpflegungszüge gehören zu den geschlossenen Verbänden und werden zwischen den Truppen gefahren; nur einzelne frühzeitig vorauszusendende waren besonders für das Gebiet östlich der Weichsel vorzusehen. Da nach beendeter Ernte große Vorräte im Osten vorhanden waren, war die Sicherstellung erleichtert.

Ungeachtet der hervorgehobenen Schwierigkeiten war zu erwarten, daß der gesamte neue Aufmarsch im großen ganzen sich zeitgerecht und geordnet vollzog. Es hätte damit gerechnet werden können, daß das „große Ostheer“ etwa am 15. Mobilmachungstag operationsbereit war, also etwas früher als ein frühestens am 16. Mobilmachungstag angenommener russischer Vormarsch*).

*) Tatsächlich wurde der Vormarsch russischerseits befohlen am 13. 8., wonach die Grenze überschreiten sollten: 1. Armee am 17. 8. aus der Linie Wirballen—Suwalki,

Störungen waren weniger zu besorgen durch etwaige einzelne nicht glückliche Anordnungen der Militäreisenbahnbehörden oder mal ein vorübergehendes Versagen des Eisenbahnbetriebes, als infolge von Reibungen, die durch mangelndes Verständnis einzelner Kommandobehörden und Truppenführer eintreten konnten. Vielfache Friedens- und Kriegserfahrungen haben ergeben, daß die gewaltigen Aufgaben der Eisenbahnen nicht immer richtig gewürdigt und die Militäreisenbahnbehörden und Verwaltungen nicht stets genügend unterstützt worden sind. Bei einer solchen Transportbewegung unter schwierigen Verhältnissen wären Verzögerungen und Unbequemlichkeiten, unregelmäßige Verpflegung, ungünstige Ausladeverhältnisse usw. unvermeidlich gewesen. Die vorzügliche Disziplin der Truppe bei der Fahrt genügte allein nicht, sondern es war die strenge Bindung aller Truppenführer an die Anordnungen der verantwortlichen Organe der Militäreisenbahnbehörden und -verwaltungen geboten. Das Verständnis ist daher schon im Frieden durch sachverständige Unterweisung der Führer aller Grade zu wecken und zu fördern. Für die Generalstabsoffiziere ist eine viel weitergehende Sachkenntnis unentbehrlich, vor allem ein richtiges Urteil über die Leistungsfähigkeit der Eisenbahnen und die Vorbedingungen großer Truppentransporte. Als ich, im Generalstab kommandiert, mich 1890 beim Feldmarschall Graf von Moltke zum Topographieren abmelden durfte, nach Hinterpommern, wo er das benachbarte Gebiet 1828 aufgenommen hatte, fragte er nach meiner Wintertätigkeit im Generalstabe. Auf meine Antwort, daß ich in der Eisenbahnabteilung gearbeitet habe, sagte er: „Das ist richtig so, beides braucht jeder Generalstabsoffizier!"

Wie konnten die Operationen geführt werden?

Unter Zugrundelegung des geänderten Aufmarsches soll geprüft werden, welche Erfolgaussichten der Angriff gegen Rußland bei Kriegseröffnung für die schnelle und glückliche Beendigung des Zweifrontenkrieges bieten konnte*).

In der Kriegsgliederung (S. 57) sind Heeresgruppenkommandos vorgesehen. Sie erscheinen von vornherein auch für den Bewegungskrieg, wie sie im Weltkriege für den Stellungskrieg eingesetzt wurden, bei den riesigen Verhältnissen der modernen Kriegführung unentbehrlich. Die Oberste Heeresleitung wird dadurch entlastet, die Anordnungen und die Operationsführung werden vereinfacht. Gleich wichtig ist, daß für die Operationen und bei großen Schlachten, bei denen mehrere Armeen zusammenwirken, eine einheitliche Führung nahe ist, die die Verhältnisse dauernd übersieht und die Kampfhandlungen in Einklang bringt. Diesem Bedürfnis kann

---

2. Armee am 19. 8. aus der Linie Augustowo—Chorzelle, letztere mit der Weisung, am 21. die Linie Ortelsburg—Neidenburg—Soldau zu gewinnen.

*) Vgl. dazu den Angriffsplan gegen Rußland des Feldmarschalls Graf Moltke, S. 13, und denjenigen des Generals Graf Waldersee, S. 14.

nicht dadurch genügt werden, daß mehrere Armeen vorübergehend dem rangältesten Armeeführer unterstellt werden. Abgesehen davon, daß unter Umständen andere Rücksichten als das Dienstalter für die Auswahl maßgebend sein müssen, und ein besonderer Stab nicht entbehrt werden kann, muß dieser obere Führer frei sein von der Führung einer eigenen Armee, deren Erfordernisse sonst leicht mehr Berücksichtigung finden, als die operativen Erwägungen für die Führung einer Gruppe von Armeen es gestatten. Auch die Verbindung zwischen den Armeen wird durch einheitliche Führung besser gewährleistet. Die Ereignisse in der zweiten Augusthälfte 1914 an Maas und Sambre zeigen die schwerwiegenden Folgen, welche die Unterstellung der 1. Armee unter das Oberkommando der 2. Armee hatte. Die erstere wurde in ihrer Operationsfreiheit gehemmt, so daß die von ihr erstrebte entscheidende Umfassung des englischen linken Flügels nicht gelingen konnte*). Dagegen erscheint die Einsetzung von je einem Oberkommandierenden für jede Front nicht angängig, da die Oberste Heeresleitung zu sehr zurücktreten würde; es würde auch im Osten dem österreichischen Bundesgenossen gegenüber die Kriegführung erschwert haben, da ein gemeinsamer Oberbefehl für die österreichischen und deutschen Feldheere fehlte.

Bei dem hier zu betrachtenden veränderten Aufmarsch sind die deutschen Streitkräfte auf beiden Fronten ungefähr gleich stark: im Osten 5 Armeen mit 12 Armee-, $8\frac{1}{2}$ Reservekorps und 1 Landwehrkorps sowie 6 Kavalleriedivisionen; im Westen 4 Armeen mit 13 Armee-, 6 Reservekorps und 4 Kavalleriedivisionen.

Für die deutsche Offensive nach Rußland werden $21\frac{1}{2}$ Armeekorps bereit gestellt, nicht nur sehr viel mehr wie bei früheren Operationsplänen, infolge des gegenüber 1880 bis 1890 auf das Doppelte angewachsenen Feldheeres, sondern auch im Verhältnis zu der im Westen aufmarschierenden Streitmacht von 19 Armeekorps. Die Russen hatten für den Kriegsbeginn die Aufstellung von 10 Armeen vorgesehen, von denen die 1. und 2. Armee gegen Deutschland 30 Infanterie- und $9\frac{1}{2}$ Kavalleriedivisionen stark waren. Gegenüber Österreich marschierten die 4., 5., 3. und 8. Armee mit $46\frac{1}{2}$ Infanterie- und $18\frac{1}{2}$ Kavalleriedivisionen auf. Die 6. Armee stand bei Petersburg, die 7. an der rumänischen Grenze, die am 7. August gebildete 9. und 10. Armee waren gegen Thorn—Posen—Breslau bestimmt. Nach der Denkschrift des General Danilow konnten von den im Frieden vorhandenen 37 Armeekorps in den ersten 3 bis 4 Wochen zunächst nur 28 versammelt werden, während neun Korps aus Sibirien, Turkestan und Transkaukasien erst im zweiten Kriegsmonat eintreffen konnten**). Für die Erwägung des neuen Operationsplanes kann aber nur die Auffassung

*) Reichsarchiv, „Der Weltkrieg", Band 1, S. 346f.

**) Nach Reichsarchiv, „Weltkrieg", betrug die Stärke Rußlands außer den erst später eintreffenden $7\frac{1}{2}$ sibirischen und turkestanischen Korps an Feldtruppen: 30 Korps mit 59 Divisionen, 12 aktiven Schützenbrigaden, 35 Reserve- und $35\frac{1}{2}$ Kavallerie-Divisionen, dazu kamen 40 Reichswehr-Divisionen.

maßgebend sein, die der deutsche Generalstab von der Versammlung und den Operationsabsichten der Russen bei Kriegsausbruch hatte. Danach rechnete man mit frühzeitiger Offensive der Russen, die Hauptkräfte gegen Österreich, das 38 Infanterie- und 11 Kavalleriedivisionen ins Feld stellte, und Vormarsch je einer starken Armee vom Njemen und Narew gegen Ostpreußen. Eine starke russische Reserve-Armee wurde im Innern angenommen zur Verwendung nach einer der beiden Seiten; Teilkräfte waren bei Warschau anzunehmen. Mit dem Vorbrechen von vier Armeen aus Ostpreußen hatte man daher eine sehr starke Überlegenheit, nicht nur zahlenmäßig, sondern auch durch den größeren Kampfwert der Truppe und die zweifellos überlegen einzuschätzende Führung. Es war aber zu berücksichtigen, daß die Angriffe gegen die auf den Flügeln durch Festungen gestützte Njemen-Stellung und gegen den durch Festungen und weite sumpfige Gebiete sehr starken Narewabschnitt großen Schwierigkeiten begegnen mußten. Eine schnelle Entscheidung, auf die es ankam, konnte nur durch sehr starke Kräfte, die in den wirksamsten Richtungen angesetzt wurden, gewährleistet werden, um so mehr, als die Russen erhebliche Verstärkungen heranführen konnten. Die Frage, ob so starke Kräfte im Osten, vier Armeen in Ostpreußen und eine fünfte in Schlesien, eingesetzt werden konnten, hing von der Beurteilung ab, ob man mit dem schwächeren Westheer erwarten konnte, die französische Offensive, deren Unterstützung durch Belgier und Engländer nicht zweifelhaft war, erfolgreich so lange abzuwehren, bis starke Kräfte von Osten herangeführt werden konnten, die das Übergewicht im Westen auch bei kritischer Lage herstellten.

Der Operationsgedanke für die Ostoffensive war, die ungeheure russische Front von Norden und Süden zusammen mit den Österreichern in eine gewaltige Zange zu nehmen, deren Schwerpunkt im Norden bei den vier deutschen Armeen lag. Nach gewonnenen Schlachten hatten die 3., 2. und 8. Armee unter einheitlichem Befehl der Heeresgruppe B nach Südosten durchzustoßen, der rechte Flügel, unter Abschließung der Weichselfestungen von Osten, in der Richtung auf Sjedlez, der linke Flügel über Bjelostok. Der 1. Armee fiel zunächst die Verfolgung in Richtung Wilna zu und die Sicherung von Flanke und Rücken der nach Südost gerichteten Offensive, deren Ziel der Rücken der gegen die Österreicher aufmarschierten russischen Kräfte war; die ihre rückwärtigen Verbindungen bildenden großen Eisenbahnlinien waren frühzeitig zu durchbrechen. Die 1. Armee wurde durch die ihr unterstellte Kriegsbesatzung Königsberg in der nördlichen Flanke gedeckt.

Die 4. Armee aus Schlesien hatte das 50 km tiefe, wahrscheinlich nur schwach verteidigte Gebiet bis zur mittleren Weichsel zu durcheilen und den Strom voraussichtlich zwischen Iwangorod und Warschau zu überschreiten. Ihre linke Flanke war gegen Warschau zu decken durch die ihrem Befehl zu unterstellenden Landwehr- und Landsturmformationen, die das weite Glacis vor den Weichselfestungen in Richtung Warschau—

Nowo-Georgiewsk aus der Linie Thorn—Wreschen zu erkämpfen hatten. Ob die 4. Armee nach Erzwingung des Weichselübergangs die 3. Armee durch Vorgehen in die Flanke der noch am Narew kämpfenden Russen unterstützen oder mit allen Kräften dem österreichischen Bundesgenossen helfen mußte, der allein schon durch die Vormarschrichtung der 4. Armee entlastet wurde, hing von der Lage ab.

Die Heeresgruppen A und B hatten ihren Angriff aus Ostpreußen so zu führen, daß die getrennten russischen Armeen beiderseitig möglichst wirksam umfaßt, vernichtend geschlagen und in südöstlicher Richtung auf die südlichen russischen Armeen geworfen wurden. Der Angriff der 3. Armee war der schwierigste; er hatte rechts über Pultusk auszuholen, linker Flügel auf Ostrolenka. Der für den Angriff ungünstigste Teil des Sumpfgebiets nördlich des Narew zwischen Orcyk und Pissa zwischen 3. und 2. Armee war auszusparen, und letztere hatte mit starken Kräften weit östlich über Bjelostok auszuholen.

Der Angriff der 3. Armee hatte hiermit ungefähr die Offensive durchzuführen, mit der General von Gallwitz Mitte Juli 1915 siegreich die Narewfront in ihrem Westteil durchbrach. Da die „Narewoffensive" bei früheren Operationsplänen (S. 13) stets ins Auge gefaßt war, und dabei e i n e r Armee diese Aufgabe zugedacht war, dürfte ein Hinweis auf die Kriegserfahrungen angezeigt sein*). Der Angriff der 12. Armee Gallwitz brach nach überwältigender Artillerie-Vorbereitung am 13. Juli 1915 mit 13 Linien- und Reserve- sowie 3 Landwehrdivisionen vor, in der rechten Flanke durch ein Korps aus Reserve- und Festungsformationen gedeckt und auf dem linken Flügel von dem auf Ostrolenka vorgehenden I. Armeekorps begleitet. Die stark und in tiefer Gliederung befestigte, zunächst wohl von erheblich unterlegenen Kräften gehaltene feindliche Stellung, südlich der ostpreußischen Grenze, deren Mittelpunkt etwa Prasnysch war, wurde an mehreren Stellen durchstoßen. Nach mehrtägigen schweren Kämpfen wichen die Russen über den Narew, der bald an einzelnen Punkten durch kühne Unternehmungen überschritten wurde. Doch gestaltete sich das Ringen um die Flußlinie zu schweren, verlustreichen Kämpfen, bei denen ein russisches Korps, auf fünf Brücken übergehend, wieder durch Pultusk vordrang. Erst am 23. war Roshan, am 25. Pultusk gefallen und der Narewabschnitt in der Flanke aufgerissen. Ostrolenka hielt noch immer stand. Am 26. erfolgte ein gewaltiger Angriff von 20 russischen Divisionen gegen die Front im Ufergelände östlich des Narew und von Nowo-Georgiewsk gegen die Flanke der Armee. Nach zehn Tagen wichen dann die Russen den immer neuen deutschen Anstürmen. Erst nachdem am 10. August Lomsha gefallen war, und die Armee von Scholtz dort die Russen stark bedrängte, gaben sie das Gebiet südlich des Narew in hartnäckigen Nachhutkämpfen langsam frei. Endlich Mitte August, vier Wochen nach

*) Ich gehörte der Armee als Kommandeur der 3. Infanterie-Division an und hatte vorher in monatelangen Kämpfen im Narewgebiet zwischen Orcyk und Pissa gestanden.

Angriffsbeginn, gelangte die Armee Gallwitz bis südöstlich Bjelostok. Aus den Ereignissen darf gefolgert werden, daß nur bei Einsatz sehr überlegener Kräfte und starker Umfassung, wie in vorliegender Studie durch die 2. und 4. Armee, ein Angriff auf die Narewfront schnellen Erfolg verspricht.

Nachdem die vier deutschen Armeen die Entscheidung am Njemen und Narew erzwungen hatten, wäre die oberste Heeresleitung voraussichtlich schon in der Lage gewesen, mehrere Korps für die Verstärkung der Westfront freimachen zu können. Bei vollem Sieg, der die beiden feindlichen Armeen zerbrach und stärkeren Widerstand zunächst nicht erwarten ließ, wäre auch trotz dieser Schwächung die weitere Durchführung der Operation nach Südost nicht in Frage gestellt worden. Immerhin wurde der Erfolg zweifelhafter. Es mußte mit dem Herankommen starker neuer Kräfte des Feindes gerechnet werden. Ferner war von ernster Bedeutung, daß mit dem weiteren Vordringen der Armeen nach Rußland hinein der Abtransport durch das Entfernen von den eigenen Bahnlinien immer zeitraubender wurde.

Gegenüber dem Operationsplan muß aber nun die Frage aufgeworfen werden, ob die Russen die ihnen zugedachte Rolle übernehmen würden oder dazu gezwungen werden konnten, sich durch stark überlegene Kräfte überall umfassen und schlagen zu lassen? Darauf wird in der Schlußbetrachtung zurückzukommen sein.

Im Westen war mit dem völlig veränderten Aufmarsch eine Offensive durch Belgien hinfällig geworden. Da mit den dem Feinde erheblich unterlegenen Kräften ein groß angelegter deutscher Angriff nicht durchführbar war, und Teilangriffe bei der Unsicherheit über die feindlichen Absichten zu folgenschweren Rückschlägen führen konnten, war auf eine gleich nach der Bereitstellung einsetzende Offensive besser zu verzichten. Grenzüberschreitungen durch deutsche Truppen waren daher nun, ehe die Franzosen die Feindseligkeiten eröffneten, politisch nicht zweckmäßig und militärisch nicht geboten. Der Angriff des französischen Heeres, dessen Vorbrechen gleich nach Vollendung seines Aufmarsches nicht zweifelhaft sein konnte, war daher zunächst abzuwarten. Nach der Annahme des deutschen Generalstabes würde die Hauptmasse (armée de manoevre), 7 Armeekorps oder mehr, vielleicht in 2 Armeen gegliedert, in und westlich der Linie Neufchâteau—St. Ménéhould versammelt werden; je eine Armee von 4 bis 5 Armeekorps wurde bei Epinal, Toul und Vouziers—Rethel, zwischen beiden vielleicht das VI. Armeekorps bei St. Mihiel—Verdun angenommen, ferner je eine Gruppe von 4 bis 6 Reservedivisionen auf dem rechten Flügel westlich Belfort und auf dem linken bei la Fère. Die Gesamtstärke des Feldheeres wurde auf 22 Armeekorps, 18½ Reservedivisionen und 10 Kavalleriedivisionen geschätzt*).

*) In Karte 1 ist der vom deutschen Generalstab angenommene französische Aufmarsch nach einer im genannten Buch des Generals von Kuhl enthaltenen Skizze eingetragen. Der eingezeichnete tatsächliche französische und der planmäßige deutsche Aufmarsch sind dem Werke des Reichsarchivs „Der Weltkrieg 1914—18" entnommen.

Die Stärke des französischen Feldheeres betrug nach dieser Quelle 21 Armeekorps,

Über die Operationsabsichten der Franzosen schreibt General von Kuhl, daß die „Annahmen des deutschen Generalstabes auf unsicheren Grundlagen" beruhten und „nur gewisse Wahrscheinlichkeit" hatten. Der Aufmarsch wurde als eine Bereitstellung zum Angriff aufgefaßt; „ursprünglich als Gegenangriff gegen die deutsche Offensive gedacht, schien er in der letzten Zeit vor dem Kriege zur unmittelbaren strategischen Offensive umgestaltet zu sein." „Das Vorgehen gegen die Maaslinie Namur—Givet und die Besetzung Namur's hatten in Verbindung mit dem Vorgehen der Engländer an die Maas und der Bereitstellung der Belgier etwa in Linie Lüttich—Namur die linke Flanke des Hauptangriffs nach Lothringen oder über Verdun zu decken, oder den nach Belgien hinein erfolgenden Hauptangriff vorzubereiten." Zugleich sollten die Belgier frühzeitig gestützt, auch sollte das Zusammenwirken mit ihnen und den Engländern sicher gestellt werden. Vereinbarungen hierüber waren getroffen. Als Schlußergebnis schien sicher: ein Vorgehen des rechten französischen Flügels in das obere Elsaß, jedoch als Nebenoperation, und ein Vorgehen des linken Flügels an die belgische Maas. Wohin sich der Angriff der Hauptkräfte richtete, ob nach Lothringen oder nach Luxemburg—Belgien oder nach beiden Richtungen, blieb unsicher.

Diesen Möglichkeiten mußte die Bereitstellung der deutschen Kräfte Rechnung tragen. Abweichend von dem planmäßigen Aufmarsch, bei dem die Hauptmasse des Heeres unmittelbar an die Grenze geführt wurde, waren die Armeen gruppenweise und tiefer gegliedert mehr zurückzuhalten, um die Verbände leichter verschieben, um „manövrieren" zu können. Ferner mußten Reserven vorhanden sein, die schnell und überraschend dort auftreten konnten, wo es galt, durch offensives Vorbrechen mit zusammenzufassenden starken Kräften Erfolge zu erringen. Der geeignetste Platz für diese Reserven konnte nur teilweise im voraus übersehen werden. Verschiebungen nahe hinter der Front mit Fußmarsch waren zeitraubend, für die Truppe anstrengend und im Etappengebiet störend; sie konnten auch der feindlichen Beobachtung nicht verborgen bleiben. Die vorzubereitende Heranführung mit der Eisenbahn erfolgte leichter und schneller aus den Garnisonen als bei Einladung im Aufmarschgebiet. Der etwas längere Fahrtweg wurde durch Abbeförderung jeder Division mit täglich 40—50 Zügen mehr wie eingebracht; die fechtenden Truppen konnten nach 2—3 Tagen zur Stelle sein, wenn Züge und Truppe mit „verschiebbarem Fahrplan" abfahrtbereit waren.

Zur Verkürzung der Abwehrfront war das Oberelsaß dem feindlichen Einmarsch zunächst preiszugeben und dort nur zu beobachten. Die zweigleisige Bahnlinie Dammerkirch—Mülhausen—Straßburg war zu nachhaltiger Zerstörung vorzubereiten.

Zu der bei der Kriegsgliederung (S. 57) angegebenen neuen Ver-

---

5 selbständige Infanterie-, 26 Reserve-Divisionen = 73 Divisionen, zu denen 13 mobile Territorial-Divisionen kamen.

sammlung des Westheeres ist zu bemerken: Auf dem rechten Heeresflügel war bei der 7. Armee nur die 9. Kavalleriedivision und das VII. Armeekorps unmittelbar an die Grenze zum Schutz und zur Beobachtung vorzuschieben. Die Hauptkräfte der Armee waren in einer Flankenstellung bereitzustellen, deren rechter Flügel nur umfaßt werden konnte, wenn der Feind die holländische Neutralität verletzte, was nicht wahrscheinlich war. Die Truppe war der Sicht möglichst zu entziehen, größere Bewegungen waren nur bei Nacht vorzunehmen.

Im Raum der 5. Armee fielen der 3. und 6. Kavalleriedivision und dem VIII. Armeekorps der Grenzschutz bis Diedenhofen zu. Die Armee war nördlich und südlich Trier mit tiefer Staffelung des rechten Flügels zu versammeln. Ob nach der Versammlung die Besetzung von Luxemburg erfolgen sollte, war lediglich nach militärischen Gesichtspunkten günstigerer Abwehrverhältnisse zu entscheiden.

Dem Gouverneur von Metz, dessen Befehlsbereich planmäßig die Niedstellung zugehörte, war auch die Stellung Diedenhofen—Metz zur nachhaltigsten Verteidigung zu unterstellen. Reichten dazu die nach der Kriegsgliederung zugewiesenen Truppen nicht aus, mußte ihm Verstärkung zugewiesen werden.

Die linke Flügelgruppe, 6. Armee und die Armeeabteilung, behielt die Aufgabe, die nach Lothringen einbrechenden Armeen entscheidend zu schlagen; notwendig werdende Verstärkung war ihr nach den Flügeln gegebenenfalls zuzuführen. Nach der Schlacht war wahrscheinlich die baldige Loslösung einzelner Korps vorzunehmen. Der Schutz gegen das dem feindlichen Vormarsch preisgegebene obere Elsaß gewann erhöhte Bedeutung.

Der operative Gedanke für das Zusammenwirken der Kräfte bei Durchführung der Abwehr dürfte aus der Bereitstellung der Armeen und den ihnen zugewiesenen Aufgaben hervorgehen. Dem nach Schätzung des deutschen Generalstabes 63 Infanterie- und 10 Kavalleriedivisionen starken französischen Heere (S. 66), zu dem 6 belgische und 4 englische Divisionen kamen, zusammen rd. 37 Korps, traten zunächst nur 19 deutsche Armeekorps und 5 Kavalleriedivisionen entgegen. Zahlenmäßig hatte der Feind die doppelte Überlegenheit, die aber für die Kampfentscheidungen bei Kriegsbeginn anders zu bewerten war. Die Belgier waren an Kampfkraft als unterlegen anzusehen. Der Engländer, an Tapferkeit ebenbürtig, hatte nicht die der deutschen gleichwertige Führung. Die deutsche Überlegenheit an Angriffskraft, die die Augustkämpfe 1914 und das schwere Ringen bis zum Kriegsschluß unwiderleglich bewiesen haben, war ein Übergewicht, das die deutsche Führung durch kühne, angriffsweise Gestaltung des Abwehrkampfes zur vollsten Auswirkung zu bringen hatte. Es konnte damit gerechnet werden, daß bei den Franzosen zunächst einzelne Korps durch die Verwendung nach dem Oberelsaß und später durch Fesselung vor den deutschen Festungen für die Feldschlacht ausfielen. Dennoch gebot das Stärkeverhältnis, daß es der deutschen Führung gelang, durch entsprechenden Kräfteeinsatz in wirksamer Richtung gegen die feindlichen Flanken, die zahlenmäßige eigene Unterlegenheit auszugleichen. Die dazu nötige Beweglichkeit wurde durch das heimische Bahnnetz außerordentlich begünstigt. Die an beiden Ufern führenden leistungsfähigen Rheinbahnen mit zahlreichen Strombrücken und Auslauflinien zur Grenze gestatteten rasche Truppenverschiebungen bis auf das Kampffeld; eine dritte Linie führte durch die Eifel, eine vierte über Frankfurt—Gießen nach Cöln, so daß in süd-nördlicher Richtung vier Korps in drei Tagen befördert werden konnten. Dieser Umstand konnte besonders ausgenutzt werden, wenn die Entscheidungen auf der 300 km breiten Front Aachen—Straßburg zeitlich auseinander lagen. Mit dieser Möglichkeit konnte gerechnet werden. Auf dem Südflügel, von der Meurthe und der oberen Mosel bei Nancy, führte ein kurzer französischer Anmarsch nach Lothringen. Daß der Angriff sofort nach vollendetem französischen Aufmarsch erfolgen würde, ebenso wie der damit zusammenhängende frühzeitige Einbruch von Belfort her, war nicht zweifelhaft. Nur durch ungesäumte Offensive konnte Frankreich auch die Russen zu baldigem Vorgehen veranlassen. Außerdem galt es für die Franzosen, einstmals verlorenes Gebiet schnell wiederzugewinnen, deutsche Kräfte dort zu fesseln und über den französischen Hauptangriff zu täuschen.

Weiter nördlich, aus der Linie Verdun—Mézières, hatten die Franzosen nach dem vollständig offenen deutschen Grenzgebiet nördlich Diedenhofen einen größeren Weg zurückzulegen, der nach dem linken Flügel zu, bis zur französischen Maas, immer weiter wurde. War dieser französische Marsch nach Belgien auch in erster Linie als Angriff in die Flanke einer deutschen Offensive durch Belgien gedacht, so blieb, wenn diese nicht kam, für den französischen linken Flügel kein anderer Weg zum Angriff gegen das deutsche Heer als durch luxemburgisches und belgisches Gebiet. Nach den nicht zweifelhaften Abmachungen mit Belgien standen dem auch kaum Bedenken entgegen. Diese Verhältnisse berechtigten daher dazu, die entscheidenden Schlachten auf dem Nordflügel zu späterem Zeitpunkt zu erwarten als in Lothringen. Dann war für den deutschen Nordflügel nicht nur die Verstärkung durch die in der Heimat zurückgehaltenen Reserven, sondern auch durch starke Teile der linken Flügelgruppe wahrscheinlich. Ende August konnten wohl auch schon vom östlichen Kriegsschauplatz einzelne Korps nach der nördlichen Eifel befördert werden (S. 66). Mit wie starken Kräften die französische Offensive einerseits nach den Reichslanden, andererseits durch Belgien erfolgte, blieb, wenn nicht Flieger gute Aufklärung brachten, ungewiß bis die Kräfte des südlichen französischen Flügels durch die Kampfberührung festgestellt werden konnten. Auf dem Nordflügel (nördl. Diedenhofen) war wohl nicht mit mehr als höchstens drei Armeen zu rechnen, denen allerdings später vom französischen Südflügel Verstärkungen zufließen konnten.

Jedenfalls war die französische Operationsrichtung durch die nördliche Eifel nach dem Niederrhein die für die Deutschen gefährlichste; sie führte nach dem Herzen des deutschen Industriegebietes. Demgegenüber war sie aber von beiden Flanken bedroht und zwar in noch größerem Maße, als dies von den Franzosen für den Angriff nach Lothringen hinein befürchtet worden ist. Dies konnte von der deutschen Führung für die Franzosen um so mehr zur Gefahr gestaltet werden, je weiter sie gegen den Rhein vordrangen. Dieser Strom war nicht mehr, wie zur Zeit des Feldmarschall von Moltke, als ein Hindernis anzusehen, an dem die Franzosen „zum Stehen gekommen wären" (S. 13), da die modernen Hilfsmittel die Kriegsführung ungleich hemmungsloser gemacht haben. Die Franzosen wären aber bei und nach dem Übergang auf beiden Ufern Flankenangriffen von Nord und Süd ausgesetzt gewesen und hätten nach beiden Seiten mit „verwandten Fronten" schlagen müssen.

Auf dem Nordflügel mußten daher deutscherseits zeitgerecht stark überlegene Kräfte zusammengezogen und in wirksamster Richtung zum Gegenangriff eingesetzt werden; ebenso war die Verstärkung des rechten Flügels der 5. Armee zum Flankenangriff von Süden erforderlich. Der Uferwechsel über den Rhein bei und nördlich Cöln blieb für die rechtsrheinisch heranzuführenden Verbände gesichert. Andererseits war auch der Eisenbahntransport über den Strom bei und südlich Mainz gewährleistet. Das Standhalten der Front Diedenhofen—Metz und in der Niedstellung war für die Operationen in der Eifel sehr wichtig. Wurden die Stellungen umgangen, so setzte sich der Feind der Umfassung aus. Wurden sie durchbrochen, so fesselten die Festungen starke Kräfte des Feindes; für die Deutschen bot die Saar einen neuen Abschnitt. Die rückwärtigen Verbindungen gingen für die 7. Armee auf das linke niederrheinische Gebiet nach Nordost, sowie auf Cöln und Bonn; für die 5. Armee auf Coblenz und hinter die Mosel, für die südliche Gruppe auf Mainz und Straßburg.

Die Richtlinien für die Führung der Abwehr-Operationen im Westen ergaben sich gewissermaßen notwendig aus dem Zwang, die planmäßige Kriegsgliederung und die Versammlungsräume möglichst weitgehend zu erhalten und die Aufmarschtransportbewegung bis in das Grenzgebiet planmäßig ablaufen zu lassen. Noch größere Verschiebungen hätten vermehrte Umdisponierungen erforderlich gemacht und die Schwierigkeiten vermehrt. Die sehr schnelle Operationsbereitschaft mußte gewahrt bleiben, da mit sehr frühzeitigen französischen Angriffen und mit einem geschickter wie im Osten geführten Feind zu rechnen war.

Ob die entwickelten Operationsabsichten als für die Deutschen erfolgversprechend anerkannt werden, sei dahingestellt. Für das Studium eines erst bei Kriegsausbruch veränderten Eisenbahnaufmarsches ist es nicht von wesentlicher Bedeutung. — Major von Hindenburg, der auf der Kriegsakademie unser hochverehrter Lehrer in Taktik war, hat über von seiner Ansicht abweichende Lösungen oft wohlwollend geurteilt: „So kann man es auch machen!" Das mag auch für diese operative Betrachtung gelten.

Der Erfolg der Abwehrkriegsführung im Westen hing im wesentlichen von der zunächst unsicheren Möglichkeit ab, rechtzeitig Verstärkungen nach den entscheidenden Punkten heranführen zu können, und von der entschlossenen, kühnen Ausnutzung der sich bietenden Vorteile. Ob dann später, wenn deutscherseits der Schwerpunkt des Zweifrontenkrieges vom Osten nach dem Westen verlegt worden war, günstige Aussicht bestand, die Franzosen so vernichtend zu schlagen, daß sie ein neues Heer nicht wieder aufstellen konnten, hing von der Entwicklung der Lage ab, die nicht zu übersehen ist. Die Gelegenheit zu einer Entscheidungsschlacht im freien Felde unter für uns so günstigen Bedingungen wie beim Kriegsausbruch 1914 kam vielleicht nicht wieder. Neben der Unsicherheit aller Verhältnisse hätte der Entschluß zur Abwehr im Westen aber ein Opfer gefordert, das freiwillig nicht in den Kauf hätte genommen werden dürfen: die Rheinprovinz mit dem Saar-Industriegebiet, die zudem für die Heeresversorgung so außerordentlich wichtig war, als Kriegsschauplatz der Vernichtung auszuliefern.

Schlußbetrachtung.

Die Frage ist gestellt worden: „Ja, wenn tatsächlich bei Kriegsausbruch noch eine Änderung des planmäßigen Aufmarsches möglich war, ist es dann nicht sehr bedauerlich, daß der Generalstabschef die gegenteilige Auffassung vertreten hat, und wir nicht zur Offensive gegen Rußland mit entsprechend starken Kräften aufmarschiert sind?“

Sowohl die Vertreter der Offensive nach Rußland wie die Verfechter des Angriffs gegen Frankreich sind in der Lage, für ihre Ansicht gewichtige Gründe anzuführen. Es handelt sich aber nicht darum, vielerlei Gründe und allgemeine Gesichtspunkte gegeneinander abzuwägen, die den einen oder anderen Entschluß vorteilhafter erscheinen lassen. Vielmehr kommt es nur darauf an zu entscheiden, gegen welchen der Gegner am sichersten und schnellsten, unter Abwehr des andern, ein so durchschlagender Erfolg erreichbar war, daß dieser Feind niedergeworfen und durch schwächere Kräfte niedergehalten werden konnte, um dann den Sieg auf dem anderen Kriegsschauplatz zu erfechten.

War diese Aussicht gegenüber Frankreich vorhanden? Nicht stichhaltig für den ablehnenden Standpunkt ist die Begründung: „Daß die Offensive nach Frankreich nicht zweckmäßig war und der Angriff gegen die Russen besser gewesen wäre, beweist der Kriegsverlauf. Denn die erstere ist in Frankreich zusammengebrochen, wir haben die Marneschlacht verloren, wir sind in den Stellungskrieg gedrängt worden.“ Sicherlich ist Erfolg oder Mißlingen ein Prüfstein für den Entschluß, aber die Beurteilung muß abwägen, ob etwa Umstände, die nicht vorherzusehen waren, und Fehler in der Ausführung den Erfolg verhindert haben. Mit viel mehr Recht wird behauptet, daß die Entwicklung der Ereignisse gerade gezeigt hat, wie richtig der deutsche Operationsplan hinsichtlich der Beurteilung der militärischen Lage und in seinen Voraussetzungen gewesen ist. Bis zum 4. September hatte der Angriff nach Belgien vollen Erfolg, über jedes Erwarten hinaus; und gescheitert ist er an Umständen und aus Gründen, die mit der Absicht dieses Angriffs nichts zu tun haben. Sie sind so vielfach beleuchtet und teilweise auch im Kapitel 6 erörtert, daß auf sie nicht nochmal eingegangen zu werden braucht. Es darf aber auch weiter gefolgert werden, daß wenn die Marneschlacht gewonnen wurde und zu dem mit Recht erwarteten Erfolg gedieh, aller Voraussicht nach der Endsieg in Frankreich uns nicht mehr hätte entrissen werden können, und dann auch im Osten Aussicht war, den Krieg schneller zu glücklichem Ende zu führen.

Ob sich dem gegenüber bessere Aussichten für den Zweifrontenkrieg boten, wenn er mit einer genügend starken Offensive nach Rußland begann, ist zu prüfen.

Nach der vor dem Kriege herrschenden Auffassung des deutschen Generalstabes (S. 63/64) war sicher mit einer russischen Offensive nach Ostpreußen vom Njemen und Narew her zu rechnen, die nach etwa drei Wochen die preußischen Grenzen überschreiten würde. Wäre der nach unserer Betrachtung angenommene Angriff der vier Armeen aus Ostpreußen in diese Offensive hineingestoßen, hätte ein schneller durchschlagender Erfolg nicht zweifelhaft sein können. Diese Möglichkeit war jedoch ausgeschlossen, weil die Verhältnisse auf der Westfront den möglichst frühzeitigen deutschen Operationsbeginn im Osten sofort nach vollendetem Aufmarsch der fechtenden Truppen und Gefechtsstaffeln unbedingt geboten; abwarten konnte man nicht. Außerdem konnte den Russen unmöglich die ihren Erwartungen widersprechende Versammlung so starker Kräfte an der Ostfront, vier Armeen in Ostpreußen und eine in Schlesien, lange verborgen bleiben*). Daß für diesen Fall die Russen Vorsorge für die Änderung ihrer Operationsabsichten getroffen hatten, war ebenso als sicher anzunehmen, als daß sie noch Zeit hatten, Gegenmaßregeln zu treffen. Was sie nun beabsichtigten, war ungewiß und nicht einfach zu beurteilen. Eine zwingende Notwendigkeit, den mit den Hauptkräften beabsichtigten Angriff gegen Österreich aufzugeben, lag nicht vor; denn sie waren stark genug, ihn durchzuführen und gleichzeitig in ihrer Stellung am Njemen und in der befestigten Narewlinie bis Warschau dem deutschen Anprall entgegenzutreten. Sie schützten so ihre Südgruppe an der galizischen Grenze gegen Bedrohung von Norden und konnten sie gegen einen Vormarsch von Schlesien an der Weichselfront Warschau—Iwangorod decken. Außerdem unterstützten sie damit die frühzeitige französische Offensive wenigstens durch Fesselung starker deutscher Kräfte. Durch Heranziehung der im Innern von Rußland zwischen Nord- und Südgruppe angenommenen „Reserve-Armee" und Verstärkung ihres rechten Flügels durch voraussichtlich noch bei Petersburg befindliche starke Kräfte waren sie zu nachhaltigstem Widerstand befähigt, bis die asiatischen Korps herankamen. Der deutsche Angriff mußte daher

*) Tatsächlich hatten die Russen sichere Nachrichten über den Aufmarsch nur schwacher Kräfte gegen Rußland schon frühzeitig am 6. August. Man hatte besonders die Abfahrtsrichtungen des II., V. und VI. Armeekorps durch Agenten beobachten lassen.

Schwierigkeiten überwinden, die einen schnellen, entscheidenden Erfolg zweifelhaft machten.

Es war zudem aber gänzlich unsicher, ob die Russen es auf diese Entscheidung überhaupt ankommen lassen würden, ob sie einen großen Teil ihres Heeres der Gefahr aussetzen würden, für den französischen Bundesgenossen geopfert zu werden. Wenn sie, dem Kampf ausweichend, nach Osten zurückgingen, war, bei 250 km Entfernung vom Narew bis zur Linie Lublin—Cholm, die voraussichtlich zwischen Weichsel und Bug aufmarschierende rechte Flügelarmee des Südheeres nicht ernstlich bedroht, und sie hatten Aussicht, die Entscheidung gegen die Österreicher rechtzeitig durchzukämpfen, besonders wenn ihr Hauptstoß mit starkem linken Flügel aus Wolhynien geführt wurde. Wichen sie im Norden vom Njemen und Narew nicht gleich aus, so hatten sie immer die Entschluß- und Handlungsfreiheit, sich einer ernstlich drohenden Umfassung, der sie nicht genügend stark begegnen konnten, später zu entziehen; eine Überraschung war für sie nicht zu besorgen infolge der großen Entfernung, die der Feind bis zum Njemen und Narew zurückzulegen hatte. (Tilsit—Kowno 150 km.)

So waren die gesamten Verhältnisse für die damals mögliche Beurteilung ungewiß. Wenn die Russen auswichen, blieb der deutschen Offensive, auch wenn sie ohne Reibungen und widrige Umstände verlief, der erstrebte Erfolg versagt. Aber auch wenn die Russen geschlagen und nach Osten geworfen wurden, war nur ein Teil ihres Heeres getroffen; sehr starke Massen konnten von den Russen zu „weiterer Rückzugsdefensive" oder zu neuem Widerstande herangezogen werden. Trat zugleich im Westen auch nur vorübergehend eine ungünstige Wendung gegenüber dem „gefährlicheren Feind" ein, so war die Lage für die Fortführung des Zweifrontenkrieges viel ernster, als wenn bei einer „großen Westoffensive" das schwächere Ostheer einen Schlag erlitten hätte. Einzig der Umstand, daß durch die „große Ostoffensive" vielleicht das österreichische Heer vor einer Niederlage bewahrt worden wäre, hätte einen Nutzen für die gemeinsame Kriegführung bringen können. Das wog aber nicht die Nachteile einer im Endziel erfolglosen deutschen Ostoffensive auf. Jedenfalls ist es keine Begründung zum Verwerfen des deutschen Angriffs im Westen. Hatte er den erwarteten Erfolg, so wurde auch das Geschick Österreichs an der Marne entschieden.

Wir sind heute imstande, die vorstehend geschilderte Beurteilung der Lage und der Absichten des Feindes aus russischen Veröffentlichungen nachprüfen zu können. Es sind dies Denkschriften des Generals Danilow, Generalquartiermeisters der russischen Armee, und des Generals Dobrorolski, Chef der Mobilmachungsabteilung des russischen Generalstabes*). Die

*) Archivrat am Reichsarchiv, Major a. D. Frantz, hat darüber ein bedeutsames Werk „Rußlands Eintritt in den Weltkrieg", Deutsche Verlagsgesellschaft 1924, geschrieben. Ich folge den Ausführungen und den Auszügen, die Oberstlt. Foerster diesbezüglich veröffentlicht hat.

zwischen den französischen und russischen Generalstabschefs 1911, 12 und 13 in Konferenzen vereinbarten Beschlüsse über die gegenseitigen Hilfeleistungen und die operativen Abmachungen, die durch Anerkennung seitens der Regierungen bindend wurden, liegen schriftlich vor. Es war Übereinstimmung erzielt, gleichzeitig die beiderseits geplanten Offensiven zu eröffnen, damit das auf der inneren Linie kämpfende Deutschland nicht seine Gegner nacheinander schlagen könne. Rußland hatte erklärt, erst nach Angriff auf Österreich, wenn es den Rücken frei habe, die Offensive gegen Deutschland durchführen zu können, und sich zunächst nur zum Angriff nach Ostpreußen verpflichtet, und zwar auf unablässiges französisches Drängen „gleich nach dem 15. Mobilmachungstag". Man wurde einig, daß die am Njemen und Bobr—Narew aufmarschierenden Armeen in Richtung auf Allenstein vorzugehen hätten, beziehungsweise auf Berlin, falls die Deutschen sich in Linie Posen—Thorn sammelten. Archivrat Frantz weist nach, daß tatsächlich der russische Aufmarsch- und Operationsplan diesen Abmachungen nicht entsprochen habe, wahrscheinlich, weil man den unbequemen Forderungen nicht voll nachgeben wollte. Der Gedankenwelt des russischen Generalstabes habe eine schnelle und kühne Offensive selbst gegen anerkannt schwächere deutsche Kräfte fern gelegen. Die schriftlichen Bearbeitungen der Aufmärsche enthielten selbst für die Kavalleriedivisionen vorsichtig zurückhaltende Anweisungen; bei der 1. (Njemen-) Armee, die die Deutschen in Ostpreußen schlagen sollte, heißt es, . . . „so bleibt die erste Hauptaufgabe der 1. Armee vorwiegend defensiver Natur." Die 2. Armee sollte „in jedem Fall den Raum Bjelostok—Grodno halten".

Die ganze Lage wurde überhaupt in Rußland, trotzdem auf den Eintritt Englands in den Krieg ziemlich sicher gehofft wurde, als keineswegs einfach angesehen. Man rechnete damit, daß die Türkei an Deutschlands Seite trat und die Meerengen sperrte. Rumäniens war man nicht sicher, so daß ihm gegenüber und an der Küste des Schwarzen Meeres eine Armee aus Reserveformationen verblieb. Schweden neigte zu Deutschland und konnte, mit Unterstützung der deutschen Marine, Truppen in Finnland nahe Petersburg landen, weshalb eine Armee in Finnland und bei Petersburg belassen wurde.

Für den als unwahrscheinlich angesehenen Fall, daß Deutschland bei Kriegsbeginn den größten Teil der Kräfte im Osten einsetzen werde, war geplant, außer der 1. und 2. Armee noch die 4. Armee*) in Stärke von neun Infanteriedivisionen gegenüber Ostpreußen, und zwar im Raum um Riga und Schawli, also auf dem äußersten Nordflügel, zu versammeln, von wo sie den rechten Flügel der Njemenarmee gegen Umfassung schützen konnte. Außerdem wollten die Russen die 1. und 2. Armee im ganzen um drei Divisionen verstärken. „Auf dem Papier" war auch in diesem Fall für die drei Armeen die Offensive in Aussicht genommen, die aber durch

*) D. h. die gegen die Österreicher auf dem rechten russischen Flügel um Lublin zwischen Weichsel und Bug aufmarschierte Armee.

einzelne Anweisungen wieder abgeschwächt war. Insgesamt wären also 42 Infanterie-Divisionen*) gegen das deutsche Heer in Ostpreußen verwendet worden, das auf 63 Divisionen, also viel zu hoch berechnet worden war. (Nach der durch veränderten Aufmarsch angenommenen neuen Kriegsgliederung S. 57 sind in Ostpreußen 35, gegen die mittlere Weichsel 8 Divisionen bereitgestellt.) In Wirklichkeit dachten die Russen vollkommen defensiv zu handeln, worüber General Danilow schreibt: „Wir konnten nicht hoffen, den Deutschen den Einfall in unser Gebiet zu verwehren, und mußten uns folgerichtig darauf beschränken, die Sicherheit des strategischen Aufmarsches unserer Armee zu gewährleisten. Dementsprechend forderten die Umstände gebieterisch, die Zone unserer Versammlung weiter rückwärts in das Innere des Landes zu verlegen". . . . „Die erste Periode des Krieges mußte also den Charakter eines reinen Verteidigungskrieges annehmen, bei dem man das Erscheinen aller Streitkräfte aus Sibirien, Turkestan und Transkaukasien oder auch die vollständige Wandlung der Gesamtlage infolge von Ereignissen an der französischen Front abwartete". Auch in einer Denkschrift des Generals Danilow vom Frühjahr 1914 über die voraussichtlichen Offensivoperationen der Deutschen und Österreicher ist von einer russischen Offensive zu Kriegsbeginn oder auch nur von einer Gegenoffensive keine Rede. Sie rechnet nur mit einer „planmäßigen Rückzugsdefensive", die das Streben haben müsse, sich der drohenden beiderseitigen Umfassung durch die Deutschen und Österreicher zu entziehen. „Bereits im Frieden waren in den Aufmarschvorbesprechungen die Rückzugsstraßen der einzelnen Armeen aus dem Aufmarschraum nach Osten bis weit ins Innere des Landes festgelegt." Auch war außer dem Aufmarsch A (Austria) ein Aufmarsch G (Germania) bearbeitet, der weiter zurück, „im Innern des Landes", lag. Ein deutlicherer Beweis, daß die schnelle und entscheidende Niederwerfung des russischen Gegners aller Wahrscheinlichkeit nach vereitelt worden wäre, kann wohl kaum gegeben werden.

So kann als Schlußurteil nicht anerkannt werden, daß eine Änderung des Aufmarsches noch bei Kriegsausbruch oder ein schon im Frieden vorbereiteter planmäßiger Aufmarsch- und Operationsplan für den Angriff zunächst gegen Rußland die Aussichten des Zweifrontenkrieges günstiger gestaltet hätte.

---

*) Njemen- und Narew-Armee: 30 Divisionen und $9^1/_2$ Kavallerie-Divisionen + 3 Divisionen Verstärkung + 9 Divisionen der 4. Armee.

Anhang

Elektrische Zugförderung und Landesverteidigung

Auf deutschen Eisenbahnen wurde der erste elektrische Betrieb durch die Preußische Staatseisenbahnverwaltung eingerichtet, und zwar auf der Berliner Hoch- und Untergrundbahn 1896 und auf der Wannseebahn 1900.

In den nächsten Jahren nahm sich der Preußische Eisenbahnminister von Budde der Frage des Übergangs zum elektrischen Betrieb nach der Richtung an, auf Fernbahnen mit elektrischer Zugkraft eine möglichst schnelle Beförderung zu erzielen. Man dachte, besondere Schnellfernbahnen in vollkommenster technischer Ausrüstung für äußerste Geschwindigkeiten neu zu bauen. Das konnte, wenn deshalb die übrige Entwicklung des Eisenbahnnetzes nicht stillstand und die vorhandenen Bahnen für die Aufmarschbewegung so leistungsfähig und betriebssicher blieben wie bisher, den Erfordernissen der Landesverteidigung nur förderlich sein. Mit Zustimmung der Militärverwaltung wurde 1903 als Versuchsstrecke für den Schnellverkehr das etwa 30 km lange Stück Berlin—Zossen der eingleisigen, vom Eisenbahnregiment betriebenen Militärbahn Berlin—Truppenübungsplatz Jüterbog gewählt, das wegen günstiger Richtungs- und Neigungsverhältnisse besonders geeignet war. Die Strecke erhielt zu den Versuchsfahrten einen ungemein starken Oberbau mit dichtgelagerten Eichenschwellen und schwersten Goliathschienen, neben denen die bisherigen als Zwangsschienen verlegt wurden. Die Mitfahrt mußte ich mir versagen, da der dazu geforderte Einkauf in eine Lebensversicherungsgesellschaft für 100 000 M. für das kurze Vergnügen von einigen Minuten zu kostspielig war. Als höchste Geschwindigkeit wurden meines Erinnerns 210 km erreicht. Am Tage vorher, als die höchste erreichte Schnelligkeit nur etwa 199 km betragen hatte, war dies vom betriebsleitenden Ingenieur der Firma, welche die Versuche eingerichtet hatte, als „verfluchte Bummelei" bezeichnet worden. Um von der Geschwindigkeit einen Begriff zu geben, teile ich folgende Beobachtungen mit: Auf der Zwischenstation Marienfelde erwarteten einige Zuschauer die Vorbeifahrt der elektrisch betriebenen, eigens zu diesem Versuch gebauten langen Salonwagen. Da sahen sie auf der unmittelbar neben der Militärbahn liegenden Anhalter Bahn von Berlin her den fälligen noch weit entfernten D-Zug heranbrausen, während schon viel näher von entgegengesetzter Seite ein Personenzug heraneilte. „Wette, wer zuerst da ist!" wurde gerufen. Als beide Züge recht nahe waren, sauste plötzlich, im Nu den D-Zug überholend, der kurze elektrische Schnellzug vorüber! Die Erde bebte, das Stationsgebäude zitterte, keiner hatte in der Überraschung die Wette entscheiden können. Im Fluge durch den elektrischen

Zug von hinten eingeholte Vögel wurden an der Glaswand des Führerstandes zerschmettert. Trotz der Geschwindigkeit liefen die Wagen so ruhig, daß auf die Erde gestellte, randvoll mit, übrigens „gebrannter", Flüssigkeit gefüllte Gläschen keinen Tropfen verloren. Infolge der Aufsehen erregenden Versuche entstanden Projekte, von denen besonders der Bau einer Schnellbahn Berlin—Hamburg, etwa 280 km, interessant schien. Der ganze Bahnkörper war als Hochbahn auf Erddämmen oder Säulenträgern gedacht ohne Zwischenstationen. Die Endbahnhöfe sollten hoch über dem Häusermeer der beiden Großstädte liegen, damit auf den Rampen schnellstens große Geschwindigkeit bei der Abfahrt und natürliche Bremsung bei der Einfahrt erzielt wurden. Durch die Fahrtdauer von nur 1½ Stunden erhoffte man hohe Einnahmen von Börsenbesuchern und ähnlich situierten Leuten. Die Finanzierung blieb aber zu unsicher, womit dieses Projekt wie auch andere begraben werden mußte.

Nach dem leider so frühen Tode des Ministers von Budde wurde sein Nachfolger der bewährte Präsident der Eisenbahndirektion Cöln, Breitenbach. Der neue Minister brachte den Plan baldiger Einführung elektrischer Zugförderung auf Bahnen des Cölner Bezirks mit, zunächst der Eifelbahn Cöln—Trier. Die südlich Cöln aufgeschlossenen Braunkohlenlager, deren Material für weite Transporte weniger lohnend, dagegen als örtliche Kraftquelle von hohem Wert war, versprachen großen wirtschaftlichen Nutzen beim Ersatz des dort infolge starker Neigungsverhältnisse kostspieligeren Dampflokomotivbetriebes durch elektrische Kraft. Dieser Betrieb war auf Fernbahnen und für schwere Zuglasten noch nicht erprobt. Viele technische Fragen harrten noch der Lösung, so auch die, ob die Stromzuführung von einer Kraftquelle aus, oder ob die Verwendung von elektrischen Zugmaschinen, die die Kraft selbst erzeugten oder aufgespeichert mitführten, technisch und wirtschaftlich günstiger und betriebssicherer war*).

Unter diesen Umständen war aus Landesverteidigungsrücksichten geboten, die Zustimmung der Militärverwaltung zur Elektrisierung der Eifelbahn zu versagen, die ein wichtiges Glied der Aufmarschstrecken im Grenzgebiet bildete. Als Chef der Eisenbahnabteilung vertrat ich die Ansicht, daß zugleich aber auch eine grundsätzliche Stellungnahme seitens der Heeresverwaltung zur Elektrisierung von Fernbahnen erfolgen müsse, da weitere, umfassendere Elektrisierungspläne aufgetaucht waren. Unter anderem war angeregt, das gesamte bayrische Staatseisenbahnnetz mittelst eines am Walchensee zu erbauenden Kraftwerkes zu elektrisieren. Diese ganzen, der Eisenbahnabteilung bisher ferner liegenden Fragen erforderten für den Abteilungschef neben theoretischem Studium der einschlägigen Literatur und Hören von Hochschulvorträgen auch praktische Unterrichtung. Hierzu bot sich ihm unter anderem die Gelegenheit, bei den Schweizer Bundesbahnen an Probefahrten elektrischer Zugförderung durch den eben

*) Die Anwendung der letzteren Betriebsart schied dann bald aus, weil das Gewicht der mitzuführenden Motore und Akkumulatoren viel zu groß war.

fertig gestellten Simplontunnel teilzunehmen. Diese ersten Versuche zeigten noch erhebliche, später überwundene Mängel. Auf der stark schleudernden elektrischen Maschine wurde man heftig zwischen den Eisenwänden hin und her geworfen, im Tunnel wechselte unausgesetzt tiefstes Dunkel mit greller blitzartiger Beleuchtung, da bei der schnellen Fahrt der Bügel noch nicht gleichmäßig an der Stromleitung anlag; es herrschte infolge heißer Quellen im Tunnel eine Temperatur von 35°, da die Abkühlungs- und Lüftungsanlagen, eine Wassersprengvorrichtung durch Röhren an der Tunneldecke, sowie ein Luftgebläse am Nordeingang und eine Luftsaugevorrichtung am Südausgang, noch nicht ausreichten. Für unterirdische Bahnstrecken ist übrigens die Elektrisierung besonders zweckmäßig, weil der den Betrieb störende und die Fahrgäste belästigende Lokomotivdampf fortfällt. Dies traf auch, wenn auch in weit geringerem Maße für Tunnels auf deutschen Bahnen zu, z. B. bei dem Arzweiler (Straßburg—Metz), dem Cochemer (Moselbahn) und dem Altenbekener westlich Kreiensen. Hierzu ist vorweg zu bemerken, daß die Elektrisierung auf kurzen Teilstrecken militärisch unbedenklich ist, wenn im Kriegsfall die Dampflokomotiven ohne weiteres durchgeführt werden können.

Es ergaben sich damals für die Stellungnahme der Militärverwaltung folgende Gesichtspunkte: Vom Standpunkt der Landesverteidigung hat die elektrische Zugförderung nur den einen Vorteil größerer Fahrtgeschwindigkeit. Diese ist aber für die Massentransportbewegung im Kriegsfall wenig wichtig. Es kommt nicht darauf an, die ersten Züge vielleicht um Stunden oder einen halben Tag früher an die Grenze zu bringen, sondern darauf, die schweren Transportzüge, die wegen geschlossener Beförderung der Truppeneinheiten und zur Steigerung der Gesamtleistung voll ausgelastet werden müssen, in dichter, die Streckenleistungen voll ausnutzender Zugfolge unbedingt sicher durchzuführen. Größere Schnelligkeit gefährdet bei langen schweren Zügen die Betriebssicherheit und ist auch dadurch begrenzt, daß die Militärzüge, ebenso wie schwere Güterzüge, keine „durchgehenden" Bremsen hatten. Einem beschränkten, nicht wesentlichen Vorteil gegenüber hätten aber mit der elektrischen Zugförderung auf Haupt- und wichtigen Nebenbahnen schwerwiegende Nachteile in den Kauf genommen werden müssen, die in hohem Grade die Sicherheit der Aufmarschbewegung gefährdeten. Die außerordentliche Empfindlichkeit der Betriebseinrichtungen bringt für die Landesverteidigung unübersehbare Gefahren, da jede Störung in der Kraftquelle oder an einer Stelle des Leitungssystems mit einem Schlage den Betrieb in einem größeren Gebiet lahmlegt. Alle Züge lägen unbeweglich auf den Strecken, bis die Störung im Kraftwerk beseitigt, beziehungsweise die unterbrochene Zuleitung wieder hergestellt wäre. Auch weit zurück auf nicht elektrisch betriebene Bahnen würde sich die Betriebsstillegung auswirken, da die rückwärtigen, mit Dampflokomotiven fahrenden Züge nur teilweise nach großen Stationen aufrücken, aber nicht auf den gesperrten Störungsstrecken durchfahren könnten. Daß damit eine geordnete und unbedingt sichere Betriebsdurchführung bei einer Massentransportbewegung in Frage gestellt war, konnte auch von Elektrotechnikern, welche die Betriebsverhältnisse richtig beurteilten, nicht bestritten werden. Damals war von einer Bedrohung durch Flieger und Luftfahrzeuge noch keine Rede. Demungeachtet mußte es als unmöglich erscheinen, die Bahnen im Grenzgebiet, aber auch die im Inlande gegen Unternehmungen des Feindes genügend zu schützen. Dazu kam die Gefahr böswilliger Zerstörungen durch im Dienst des Feindes stehende oder ihn sonstwie unterstützende Landesverräter.

Eine weiter fortschreitende Elektrisierung von Fernbahnen, die sich nur allmählich vollziehen konnte, hätte zudem für unabsehbare Zeit die Trennung in zwei Betriebsarten herbeigeführt. Damit hätten Lokomotiven und Personal nicht mehr uneingeschränkt im ganzen Eisenbahnnetz verwendet werden können. Hiermit wäre die wichtigste Vorbedingung für die volle Ausnützung der Streckenleistungen gefallen.

Die ganze Frage konnte selbstverständlich nicht einseitig nur nach den Bedürfnissen der Kriegstransportbewegung beurteilt werden. Wie bisher stets bei allen technischen Fortschritten war sorgfältig zu prüfen, ob, wenn die Elektrisierung der Fernbahnen nicht unmittelbar den Interessen der Landesverteidigung dienstbar gemacht werden konnte, diese Bestrebungen trotzdem auch von der Militärverwaltung zwecks wirtschaftlicher Erstarkung des Landes möglichst zu unterstützen waren. Die Bedenken konnten aber allein zurückgestellt werden für militärisch weniger wichtige Strecken, womit ja schon ein Teil des Betriebsmaterials und Personals für die Verschiebung auf andere Linien preisgegeben wurde. Im übrigen handelte es sich dagegen um ernste, in der Eigentümlichkeit des elektrischen Betriebes begründete Gefahren für die Landesverteidigung, die nicht verhütet oder auf ein erträgliches Maß eingeschränkt werden konnten.

Da die Verhandlungen nicht zu einer Verständigung führten, erfolgte gemeinsamer Vortrag der Minister des Krieges und der öffentlichen Arbeiten bei Seiner Majestät. Das Protokoll einer dann erneut anberaumten Verhandlung sollte zur Entscheidung vorgelegt werden. Bei dieser Konferenz der Minister, des Generalstabschefs und des Präsidenten des Reichseisenbahnamtes unter Hinzuziehung von Technikern legte der Chef der Eisenbahnabteilung nochmals den Standpunkt der Heeresverwaltung dar: Durch die Elektrisierung darf keine Herabsetzung der Streckenleistungen für die militärische Beanspruchung im Kriege eintreten. Sie kann nicht auf Bahnlinien in den Aufmarschgebieten der Grenzprovinzen stattfinden; im Inlande nur auf Strecken, bei denen seitens der Militärverwaltung keine Bedenken für die Kriegstransportbewegung geltend gemacht werden, oder im Kriegsfall in vollem Umfang der sofortige Übergang zum Dampflokomotivbetrieb gewährleistet werden kann. Dieser letzten Bedingung konnte die Eisenbahnverwaltung aus wirtschaftlichen Gründen nicht entsprechen. Aber die Bedenken des militärischen Vertreters konnten mit technischen Ausführungen nicht widerlegt werden. Der Eisenbahnminister bezweifelte, daß nach der Stellungnahme des Vertreters der Militärverwaltung diese in der Lage sei, Strecken mit starkem Personen- und Güterverkehr zu bezeichnen, auf denen mit großzügigen Versuchen Erfahrungen gesammelt werden könnten. Daraufhin wurden zu sofortiger endgültiger Freigabe für den elektrischen Betrieb folgende Strecken vorgeschlagen:

Halle—Magdeburg und Leipzig—Magdeburg, Flachlandbahnen mit starkem, gemischtem Friedensverkehr und nahem Braunkohlengebiet, etwa 80 bzw. 100 km lang.

Lauban—Dittersbach—Glatz, 120 km, zweigleisige Hauptbahn im Gebirge mit starkem Richtungs- und Neigungswechsel und Belastung mit schwersten Güterzügen; als örtliche Kraftquelle das Waldenburger Kohlenrevier.

Halle—Leipzig, eine im Frieden und im Kriege sehr beanspruchte Strecke, auf der bei nur 30 km Länge ohne weiteres die Wiederaufnahme des Dampflokomotivbetriebs im Kriegsfall sichergestellt werden könne.

Dem Bedürfnis der Preußischen Staatsbahnen für die Erprobung elektrischer Zugförderung auf Fernbahnen war hiermit auf lange Zeit hinaus vollkommen genügt. Der Einrichtung auf Nebenbahnen, vornehmlich Stichbahnen und Gebirgsbahnen, die zu größeren Gebieten zusammengeschlossen werden konnten, soweit sie keine militärische für die durchgehende Transportdurchführung unentbehrlichen Bahnlinien umfaßten, standen schon damals keine Hindernisse entgegen. Die Militärverwaltung nahm an, daß nun unverzüglich mit der Elektrisierung der freigegebenen und zahlreicher Nebenlinien vorgegangen werden würde. Aber Jahre vergingen in Preußen und Bayern vor der ersten Inangriffnahme. Die weitere Entwicklung ist von der Militärverwaltung jedenfalls nicht gehemmt worden. Viele technische Dinge waren noch zu klären. In Bayern scheiterte meines Wissens der Gedanke, mit dem genannten Walchenseewerk auch die Bahnen des nördlichen Bayerns zu betreiben, an dem Kraftverlust, der bei Stromzuführung auf weite Entfernungen eintreten mußte. Ob bis zum Weltkriege an den damals vereinbarten Grundsätzen festgehalten worden ist, ist mir nicht bekannt.

Von Hauptbahnen sind in Preußen in der Elektrisierung begriffen beziehungsweise werden schon elektrisch betrieben die vorgenannten Strecken Halle—Magdeburg und Lauban—Königszelt mit Fortführung bis Glatz. Außerdem wurde im ganzen Reich eine große Zahl von Stich-, Gebirgsbahnen, Stadt- und Vorortbahnen elektrisiert, deren Zusammenfassung zu größeren Betriebsgebieten im Gange oder beabsichtigt ist. In Bayern ist das erst 1919 begonnene Walchenseewerk Herbst 1924 vollendet worden. Es hat zweierlei Aufgaben: für die allgemeine Landesversorgung Licht und Kraft, und für die Staatsbahnen Strom zum Betrieb elektrischer

Triebwagen zu liefern*). Außerdem will die Staatsbahn die Strecken Tutzing—Kochel, Pasing—Garmisch und München—Herrsching, Stichbahnen in das Gebirge, elektrisch betreiben, und endlich auch die militärisch als Transportstraße unwichtigere Fernbahn München—Landshut mit späterer Fortsetzung nach Regensburg. Ein zweites großes Kraftwerk ist an der mittleren Isar („Mittleres Isarwerk") in der Entstehung. Beide liefern ihren Stom an das „Bayernwerk", das lediglich die weitere Verteilung übernimmt, nicht selbst Strom erzeugt.

Die Betrachtung liegt nahe, welche Folgen eine damalige Zustimmung zu der geforderten Elektrisierung im westlichen Grenzgebiet gehabt haben könnte. Die Bahn Cöln—Trier durchschnitt den Ausladeraum des rechten Heeresflügels von Norden nach Süden; zahlreiche Armeekorps, Kavalleriedivisionen und Kommandobehörden von vier Armeen benutzten sie zur Durchfahrt und Ausladung; die entsprechenden Leerzüge belasteten sie ebenfalls. Ganz sicherlich wäre es damals nicht bei der Elektrisierung dieser Eifellängsbahn allein geblieben; denn die Kraftquelle bei Cöln hätte erst dann vollen wirtschaftlichen Nutzen gebracht, wenn ein größeres Gebiet angeschlossen worden wäre, also mindestens die Hohe Venn-Bahn und die übrigen Transportauslaufstrecken, die Rheintalbahn und später die neue strategische Eifelquerbahn. War die Eifellängsbahn freigegeben, so konnte die neue Betriebsart für die anderen nicht versagt werden. Jede Störung im Kraftwerk hätte Hunderte von Transporten und Leerzügen unbeweglich stillgelegt, eine längere Störung die geordnete Durchführung der hochgespannten Massentransportbewegung und die zeitgerechte Versammlung des deutschen Offensivflügels in Frage gestellt. Eine Zerstörung des Kraftwerks durch Sprengung oder Bombeneinschlag hätte den Feldzugsplan zunichtemachen können. Ein Chef der Eisenbahnabteilung konnte unter so unsicheren, gefahrdrohenden Verhältnissen gar nicht die Verantwortung für die planmäßige schnelle Versammlung der riesigen Truppenmassen übernehmen.

Gewiß kann wohl durch besondere Maßnahmen und Abwehrvorkehrungen ein beschränkter Schutz geschaffen werden, nie aber eine wirkliche Sicherheit, wie sie beim Dampflokomotivbetrieb vorausgesetzt werden durfte. Noch immer haben sich in der Kriegsgeschichte die Angriffsmittel schließlich gegenüber den Abwehrmitteln als die stärkeren erwiesen. Auch gegen böswillige Zerstörung oder Unterbrechung, die nach Angabe erfahrener Techniker schon durch einen Handgriff bei der Bedienung des Kraftwerkes möglich ist, kann kein unbedingter Schutz gewährleistet werden.

*) Für die Landesversorgung mit Licht und Kraft 115 000 Volt Drehstrom, für die Staatsbahn 115 000 Volt Einphasenstrom. Eine 105 m lange und 22 m breite Maschinenhalle beherbergt die Drehstrom- wie die Einphasen-Anlage; dicht daneben liegt das ebenso große Transformatoren- und Schalthaus; ihre Zerstörung würde die gesamte Stromabgabe vernichten; doch ist durch eine solche Gefahr der Zugverkehr auf den übrigen bayrischen Bahnen nicht bedroht. Der Münchener Hauptbahnhof erhält jedoch sein Licht von dort.

In noch viel höherem Maße als die Kraftwerke ist das gesamte Leitungssystem der Zerstörung ausgesetzt, da es unmöglich ist, Tausende von Kilometern Stromleitung überall genügend durch Abwehrmaßnahmen zu schützen. Die Unterbrechung an einem Punkt legt eine größere Strecke still, mindestens zwischen den nächsten Umschaltwerken. Kann die Störung nicht von einem der betroffenen Züge aus beseitigt werden, so kann das erforderliche Personal und Material zur Wiederherstellung nicht auf dem Schienenweg sondern nur auf Landstraßen an die Störungsstelle gelangen, da die Strecke gesperrt ist. Auch bei dem heutigen Stande der Technik können gewaltsame Unterbrechungen der Stromleitung in den Kraftwerken oder in den Umschaltwerken Kurzschluß herbeiführen und außer der örtlichen auch weitreichende Unterbrechung der Stromversorgung verursachen. Wechselstrom (Fahrstrom) läßt sich nicht aufspeichern wie Kohle; Betriebsstoffmangel bei den Werken legt den Betrieb still.

Ein so empfindliches Bahnsystem im Grenzgebiet wäre in künftigen Kriegen geradezu eine Herausforderung an den Feind, seine Zerstörungsmittel zur Verhinderung geordneten Aufmarsches ununterbrochen einzusetzen, Tausende von Fliegern mit dieser erfolgversprechenden Aufgabe zu betrauen. Somit stellt dort die elektrische Zugförderung ausgesprochen einen Risikobetrieb dar.

Diese Gefahren für die Landesverteidigung werden an anderer Stelle entweder nicht so eingeschätzt, oder die Bedenken haben gegenüber anderen, für das Staatswohl zwingenden Gründen zurückgestellt werden müssen.

Wie in der Schweiz besteht in Österreich ein vollständiges Elektrisierungsprogramm für die Staatsbahnen. Begonnen ist die Elektrisierung auf den Gebirgsstrecken und soll auf das ganze Reich ausgedehnt werden. Innsbruck—Landeck befindet sich bereits im elektrischen Betrieb, dessen Durchführung bis nahe zur Schweizer Grenze bei Bludenz gegen Ende 1924 erwartet wurde. Von da erfolgt elektrischer Anschluß bis Bregenz (Lindau). Ferner soll die Strecke von Innsbruck nach Süden über den Brenner angeschlossen werden. In östlicher Richtung ist beabsichtigt, den elektrischen Betrieb von Innsbruck über Saalfelden—Linz bis Wien fortzuführen, womit die schon elektrisierte Salzkammergutbahn in Attnang Anschluß an den gleichen Betrieb nach Innsbruck und nach Wien erhält. Wien—Innsbruck—Bodensee ergibt dann eine durch das nördliche Österreich führende zusammenhängende Hauptbahn von gegen 800 km Länge. Sie unterliegt zwar nicht einer unmittelbaren Bedrohung durch den Feind von Süden. Aber die Gefahren anderweitiger Störungen wiegen um so schwerer, als sie die einzige durch das Gebirge führende Eisenbahnlinie von Wien nach der Westgrenze ist. Damit ist jedoch in Österreich das Elektrisierungsprogramm nicht erschöpft: auch „die von Wien ausgehenden Radiallinien, die steierischen und kärtnerischen Strecken“ sollen folgen, das heißt die vom Herzen Österreichs führenden Aufmarschlinien zur italienischen Grenze.

Der Zweck des gewaltigen Unternehmens verspricht den erstrebten materiellen Erfolg: den namentlich auf sehr langen, steilen Gebirgsstrecken sehr teuren bisherigen Betrieb zu verbilligen, das Verkehrstempo zu beschleunigen, der wirtschaftlichen Not des Landes wirksam aufzuhelfen und es für den Eisenbahnbetrieb von Kohlenlieferungen des Auslandes unabhängiger zu machen, zumal die inländische österreichische Kohle geringwertig ist. Daß diese, durch die vorhandenen Wasserkräfte noch gesteigerten Vorteile auch für die Belange der Landesverteidigung bedeutungsvoll sind, kann nicht zweifelhaft sein. Demungeachtet bleiben natürlich die Gefahren elektrischer Zugförderung für den Kriegsfall bestehen. Soweit bekannt soll der Strom zunächst einer schon vorhandenen Kraftquelle, den „Ruetzwerken“, entnommen werden; hinzukommen dann das mächtige „Spullersee-“ und das „Achenseewerk“; für die nicht im Gebirge liegende Strecke Saalfelden—Wien will man keine eigenen Kraftwerke bauen, sondern sie der „Privatinitiative“ überlassen.

Die technischen Fortschritte haben mit der Zeit die Stromzuführung gegen zufällige Betriebsstörungen weit mehr gesichert. In beschränktem Maße können auch die Gefahren für die Landesverteidigung gemildert werden, wenn weitgehende, außerordentliche Vorkehrungen technischer Art und umfangreiche militärische Überwachungs- und Abwehreinrichtungen für den Kriegsfall getroffen werden. Die Anwendung ungeheurer Spannungen bis zu mehreren hunderttausend Volt gestatten eine Übertragung des Stroms auf immer größere Entfernungen; auch eine Streckeneinteilung im Leitungssystem, welche die Leitungsstörungen räumlich enger begrenzt, wirkt gefahrmildernd. Für lange Strecken und große Gebiete werden mehrere Kraftwerke hergestellt, deren Kuppelung untereinander es gestattet, den plötzlich ausfallenden Strom einer Kraftquelle mindestens vorübergehend von anderen Werken ersetzen zu lassen. Voraussetzung dafür ist, daß ein so großer Überschuß an Kraftreserve vorgesehen ist, wie er für die entfernteren Bahnstrecken nötig ist. Je mehr Kraftwerke vorhanden sind und gegenseitig füreinander einspringen können, und je höher dabei die Reserven an Kraft über den Höchstbedarf der einzelnen Kraftwerkgebiete hinaus vorhanden sind, um so mehr vermindert sich ~~die Aus~~wirkung von Störungen einzelner Kraftwerke. Für den Kriegsfall ist aber von ausschlaggebender Bedeutung, daß ein auf höchsten Streckenleistungen beruhender Militärfahrplan voraussichtlich erheblich stärkere Anlagen, Leitungen und Spannungen beansprucht als jeder Friedensverkehr, weil für größtmöglichste Zugzahl und die Beförderung durchweg schwerster Züge von 550 t Gewicht vorgesorgt werden muß. Dazu kommt dann noch der Mehrbedarf an Kraft, um hohe Reserven sicherzustellen, die bei dem Ausfall von Nachbarwerken gebraucht werden. Dadurch entstehen Mehrkosten für Anlagen und Unterhaltung der Einrichtungen, die durch Verzinsung, verbunden mit Abschreibungen, den wirtschaftlichen Nutzen einschränken müssen. Können diese Mehrkosten für staatliche Werke aufgebracht werden, so wird das schwieriger oder unmöglich werden für solche, die der „Privatinitiative“ überlassen werden.

Mit allen diesen Maßnahmen wird aber nur eine beschränkte Sicherung des Betriebes im Kriege erreicht, da durch feindliche Zerstörungen und die gedachten übrigen Gefahren gleichzeitig auch mehrere Kraftquellen ausfallen können. Inwieweit ein Netz von Tausenden von Kilometern Streckenleitungen geschützt und wie für schnelle Wiederherstellung vorgesorgt werden kann, ist wie gesagt eine fernere Frage. Bahnbewachung, Mitführung von Ausbesserungsmaterial, Verteilung von Arbeitstrupps an den Strecken usw. wird wegen des großen Personalbedarfs, namentlich an geschulten Technikern, nur begrenzt möglich sein; ob das Personal durchweg zuverlässig sein würde, ist nicht vorauszusehen.

Diese schwerwiegenden technischen und militärischen Fragen können nicht allgemein theoretisch, sondern müssen in jedem Fall nach den besonderen Verhältnissen wirklich sachverständig beurteilt werden. Deshalb müssen die für die Wahrung der Landesverteidigungsinteressen verantwortlichen Stellen diese Verhältnisse klar übersehen, um die möglichst weitgehende Berücksichtigung der militärischen Erfordernisse für die Verteidigung des Vaterlandes durchzusetzen, von der letzten Endes das Bestehen des Staates abhängt. Diese Aufgabe wird nicht erleichtert, wenn wie in Österreich, ein hoher Offizier a. D. in einer mir vorliegenden Schrift betreffend die österreichischen Elektrisierungspläne die Ansicht vertritt: „Elektrische Bahnen sind in nichts empfindlicher als Lokomotivbahnen“, und es kämen „nur die Kraftwerke als nicht ausschlaggebendes Plus“ (nämlich der einer Zerstörung ausgesetzten Objekte) gegenüber den Dampfbahnen in Geltung. Die besonderen Betriebsverhältnisse der Massentransportbewegung, für die vorstehend als Beispiel auf den Aufmarsch des deutschen rechten Heeresflügels 1914 hingewiesen worden ist, sind in dieser Schrift unberücksichtigt geblieben.

Die Kraftwerke des elektrischen Betriebes bedeuten die Konzentration der enormen Gesamt-Energie-Erzeugung in wenigen Punkten des Landes gegenüber der Verteilung (bei den Dampfeisenbahnen) auf Tausende von Dampflokomotiven, die außerdem einzeln gegen Beschädigungen viel unempfindlicher sind als die vielseitigen Einrichtungen eines Kraftwerks: Dampfrohrleitungen, Maschinen, Stromerzeuger, Schaltanlagen sowie endlich das Leitungssystem. Gleise, Brücken, Stellwerke, Bahnhöfe, Zufahrtgleise zu den Betriebsstellen sind bei beiden Betriebsarten auch der Zerstörung ausgesetzt; aber sie können leichter bewacht und wiederhergestellt werden. Die bei elektrischem Betrieb als „Plus“ hinzukommenden gefährdeten Einrichtungen und Baulichkeiten sind aber gerade die Quelle und die Vorbedingung des ganzen Betriebes, ihre Zerstörung legt ihn eben still, so daß sie die natürlichen Angriffspunkte bilden.

Erwähnt mag noch werden, daß bei Einmarsch in Feindesland nur Dampflokomotiven der kämpfenden Truppe folgen können. Die Herstellung eines elektrischen Etappen-Eisenbahnnetzes erfordert unter Umständen Monate. Bereithaltung von Dampflokomotiv-Reserven auch für diese Zwecke ist daher bei weitgehender Elektrisierung der eigenen Bahnen erforderlich.

Die Beurteilung, welche die elektrische Zugförderung auf Fernbahnen in ihrer Bedeutung für die Landesverteidigung bisher in Deutschland gefunden hat, nicht nur von militärischer Seite, sondern auch von Eisenbahntechnikern und solchen Elektrotechnikern, die über die Betriebsverhältnisse der Kriegstransportbewegung unterrichtet sind, steht zu der Stellungnahme, wie sie der österreichische Herr Verfasser zum Ausdruck bringt, in vollstem Gegensatz. Er schließt noch mit dem Rat: „Die großzügigste Elektrisierung der Reichsbahnen" sei „auch von der deutschen Heeresleitung mit allen Mitteln zu fördern".

Ob die Entwicklung der Technik gänzlich andere Verhältnisse für den Verkehr und die Kriegsführung schafft, muß der Zukunft überlassen bleiben. Bei ihrem jetzigen Stand muß in Deutschland daran festgehalten werden, daß der elektrische Betrieb auf militärisch wichtigen Transportstraßen für die Landesverteidigung eine Gefahr bedeutet, die mit allen Mitteln auf das denkbar geringste Maß beschränkt werden muß, wenn die Eisenbahnen ihrer hohen Aufgabe zum Schutz des Landes gewachsen bleiben sollen. Wir haben zur Zeit die Eisenbahnen, unseren ideell und materiell wertvollsten Sachbesitz, den Feinden ausgeliefert. Die Freiheit, die wir wiedergewinnen müssen, wird uns auch dieses kostbare Gut zurückgeben.